출근 전 2시간

이 책을 소중한

_____님에게 선물합니다.

_____ 드림

더 치열하고 절실하게 인생 2막을 준비하라!

출근 전
2시간

김태광 지음

출근 전
2시간이
인생을
바꾼다

위닝북스

성공의 답은 출근 전 두 시간에 있다

나는 지금껏 인생을 살면서 가장 잘한 일로 스물세 살 때부터 책을 쓴 것을 꼽는다. 그때는 지금처럼 여유롭거나 풍족하지도 않았다. 서울 영등포역에 위치한 고시원에서 라면을 주식으로 아파트 신축공사 현장에서 막노동을 하며 3년 반을 책 쓰기에 매달렸다. 아무리 힘들어도 악착같이 버텼다.

매일 매일이 너무나 힘들고 고통스러운 나머지 자주 좌절하고 절망했지만 책 쓰기 만큼은 놓지 않았다. 내가 기댈 수 있는 유일한 것이었고, 내 인생을 눈부시게 만들어줄 최후의 보루였기 때문이다.

지금 나는 누구보다 행복한 인생을 살고 있다. 매일이 축제와 같다. 오로지 밥벌이를 위해 직장에 다닐 때는 아침에 일어나는 것이 죽기보다 싫었지만 지금은 행복한 기분으로 일어난다. 오늘은 또 어디에서 나에게 칼럼과 강연 청탁을 할까, 하는 기대감이 절로 든다.

나는 힘들었던 시절, 성공의 답을 새벽에서 찾았다. 남들이 단잠에 빠져 있는 시간에 하루 계획을 세우고 꿈을 생생하게 상상하면서 치열하게 살면 꿈이 실현되리라, 확신했다.

과거의 나는 다음과 같은 꿈을 품었다.

- 베스트셀러 작가
- 동기부여가
- 대한민국 최고의 책 쓰기 코치
- 작가 프로듀서
- 억대 연봉자
- 해외 판권 수출
- TV 출연하여 특강
- 교과서 글 게재

매일 새벽마다 기상하자마자 꿈을 생생하게 상상했다. 마치 내가 그 꿈들을 모두 실현한 듯이 착각했다. 그런 노력 끝에 나는 모든 꿈을 이루었다. 35세에 100권의 책을 펴내어 기네스에 등재되었는가 하면 50억 자산가가 되었다. 보통 아파트 가격보다 비싼 슈

퍼카 람보르기니를 타고 다니며 강연을 다니고 있다. 고달팠던 과거와 지금을 비교해보면 정말 기적 같은 일이다. 그 기적은 현실이 되었다.

인생에서 가장 힘들었던 20대 시절, 출근 전 두 시간을 생산적으로 활용했다. 모두들 깊은 잠에 빠져 있는 새벽 5시에 일어나 세수하고 책을 썼다. 처음에는 새벽에 일어나는 일이 정말 고문처럼 여겨졌지만 계속 하다 보니 익숙해졌다. 무엇보다 매일 글을 써나가자 직장 일을 하면서 맛볼 수 없었던 성취감을 느낄 수 있었다. 그런 노력이 쌓이자 한 권씩 저서가 쌓였고 다양한 기회들이 찾아왔다.

출근 전 두 시간을 활용하기 시작하면서 인생에서 빛이 보이기 시작했다. 비로소 성공이 보이기 시작한 것이다. 그래서 나는 지금 현실에 만족하지 못하는 사람은 새벽형 인간이 되어야 한다고 충고한다. 내가 저녁형 인간에서 새벽형 인간으로 전환함으로써 운명이 바뀌었기 때문이다.

출근 전 두 시간을 활용한지 3년 만에 첫 책을 내고, 중국과 대만, 태국 등에 저작권을 수출할 수 있었다. 초등학교 4학년 1학기 도덕교과서에 글이 수록되었는가 하면, 2011년 경기도교육청에서 추천하는 '청소년에게 영향력 있는 작가'에 선정되었다. 36세의 나이에 110여 권의 책을 펴내 '제1회 대한민국 기록문화대상' 개인부문을 수상해 한국기록원(KRI)으로부터 인증서를 받아 기네스에 등재되었다.

2012년 8월 JTV 'TV특강' 〈행복플러스〉에 출연해 '마흔, 당신의 책을 써라'라는 주제로 특강을 진행했으며, 9월에는 KBS 〈아침마당〉에 출연해 책 쓰기 노하우를 공개했다. KB국민은행 다문화가정 '한글작품 공모전' 심사위원에 위촉되었으며, 2012년 고려대학교 대학생들의 멘토로 활동하기도 했다. 저서 《마흔, 당신의 책을 써라》를 펴낸 후 '책 쓰기 프로젝트'를 벌이고 있는 대구시교육청 우동기 교육감으로부터 감사 편지를 받았다.

대한민국 최고의 '책 쓰기 코치'를 넘어 '책 쓰기 명장'이라고 자부하는 나는 네이버 카페 〈한국책쓰기·성공학코칭협회〉를 개설하여 〈10주 책 쓰기 프로그램〉, 〈공동 저서 과정〉을 개발해 일반사람들에게 2~3개월 만에 책을 쓸 수 있는 방법을 알려주고 있다. 은행원, 한의사, 의사, 유치원 원장, 교사, 교수, 주부, 대학생 등을 대상으로 책 쓰기를 코칭하고 있으며, 코칭 받은 이들의 책들이 속속 출간되고 있다. 그래서 책을 쓰려는 열망을 가진 사람들 사이에 "김태광 작가한테 코칭 받으면 누구든 2~3개월 안에 원고를 쓸 수 있고 출판사와 계약이 이루어진다."라는 말이 돌기도 한다. 그리고 많은 출판사에서 나에게 책 쓰기 코칭을 하는 사람들 중에 참신한 원고가 있으면 먼저 볼 수 있게 해달라는 전화나 메일을 받기도 한다.

10여 년 전 아무런 존재감이 없었던 나는 출근 전 두 시간을 활용함으로써 운명을 바꾸었다고 자신 있게 말한다. 그래서 나는 새벽형 인간 예찬론자다.

나는 이 책 한 권에 왜 많은 사람들이 갈수록 힘든 인생을 살게 되는지, 출근 전 두 시간을 생산적으로 활용하여 자신의 분야에서 성공한 사람들의 사례와 왜 성공하는 인생을 살기 위해선 새벽형 인간이 되어야 하는지를 담았다. 분명 누구든 이 책을 읽으면 새벽형 인간이 되고 싶은 열망이 생겨날 것이다. 출근 전 두 시간은 99퍼센트의 평범한 사람들을 1퍼센트의 특별한 사람으로 바꿔주는 마법이기 때문이다.

시간이 지날수록 모든 분야에서 경쟁은 심해지게 마련이다. 경영자건 직장인이건 자신이 이끌거나 속해있는 조직에서 퇴출되지 않으려면 하는 일에 더욱 더 충성해야 한다. 따라서 시간을 도둑맞는 저녁형 인간은 점점 설자리를 잃어가기 마련이다. 이것이 오늘 당장부터 저녁형 인간에서 탈피해서 새벽형 인간이 되어야 하는 이유다.

책 속에 보면 각 장이 시작되기 전에 성공에 대한 시(詩)가 나온다. 이 시는 서울에서 3년 반 동안 고군분투한 끝에 한 출판사와 첫 책을 계약한 후 고향 대구에 내려와 남문시장 내 위치한 보증금 20만 원에 월세 17만 원의 자취방에서 썼던 시다. 내 인생에서 가장 고달팠던 시절, 답답한 현실과 막막한 미래에서 신음하던 내 자신에게 용기를 주기 위해 썼던 자작시다. 이 책을 읽는 사람들에게 내가 느꼈던 것처럼 강한 동기부여가 되었으면 한다.

늦었다고 생각할 때가 가장 빠르다, 라는 말이 있다. 지금 현주소를 깨닫고 더 나은 사람이 되기 위해 노력해야 한다. 내 인생, 지금부터 시작이라고 생각하라.

2016년 1월
성공학 코치 김태광

Story 1

내 인생은 왜 이럴까

마음속에 잠자고 있는 이상을 깨워라

시_ 김태광

모든 것은 자신의 마음에 달려 있다.
가난하다고 생각하면 가난해 질 것이고
불행하다고 생각하면 불행해 질 것이다.
대부분의 사람들은 자신의 마음속에 잠자고 있는
이상을 깨우지 않는다.
나침반도 자석과 접촉하기 전에는
아무 방향이나 가리키던 바늘에 불과하다.
그러나 자석과 접촉한 순간부터
길을 잃은 배를 항구로 무사히 인도해주는
힘을 지니게 된 것이다.
모든 것은 자신의 마음에 달려 있다.
행복하다고 생각하면 행복해 질 것이고
풍족하다고 생각하면 풍족해 질 것이다.
생각은 자석과 같아서
긍정적인 생각은 긍정적인 생각을 끌어들이고
부정적인 생각은 부정적인 생각을 끌어들인다.
자, 이제 어떤 마음을 가질 것인가
자신에게 한번 물어 보라.
믿음을 가지고 이상을 실현하기 위해 노력하라.
믿음과 이상이 있는 사람에게는
시련이나 고난은 몸을 단련시키는 운동기구와 같다.
자, 기억하고 또 기억하라.
대부분의 사람들이 인생의 위층은 거의 사용하지 않은 채
음습한 지하실에서 살아가고 있다는 것을.

내 인생은 왜 이럴까?

아침 7시 30분. 휴대폰 알람 소리가 요란하게 울린다.

'아, 벌써 아침이야?'

김 대리는 어젯밤에 친구와 마셨던 술의 숙취로 눈꺼풀이 천근만근이다. 어제 조금만 마실 걸, 하는 후회와 함께 다시 졸음이 밀려온다. 김 대리는 반쯤 감긴 눈으로 휴대폰 알람시각을 10분 뒤로 미룬다.

'아, 오늘이 주말이라면…'

얼마 지나지 않아 또다시 휴대폰 알람 소리가 정적을 깨뜨린다.

'원 없이 잘 수 있다면 얼마나 좋을까?'

김 대리는 회사에 전화해 아프다는 핑계를 대고 하루 쉴까 잠시 망설인다. 하지만 눈앞에 평소 자신을 못 잡아먹어 안달하는 최 팀장의 모습이 아른거린다. 그 순간 머릿속에 무언가 번뜩 떠올랐다.

"내일 아이디어 회의 때 각자 아이디어 하나씩 생각해 올 것."

어제 아이디어 회의를 마치면서 최 팀장이 했던 말이었다. 김 대리는 그제야 상황의 심각성을 깨닫기 시작했다.

'어제 그 녀석만 만나지 않았다면 지금쯤 멋진 아이디어 하나 짰을 텐데.'

이미 시계는 8시를 넘기고 있었다. 그나마 지각하지 않으려면 택시라도 타야할 형국이다.

'에이, 모르겠다! 될 대로 되라지 뭐.'

카피라이터 5년 차 김 대리는 오늘도 지각이다. 죄인처럼 머리를 숙인 채 사무실로 들어서는 그에게 동료들의 아침인사가 들려온다.

"김 대리, 어제 좋은데 갔나봐."

"다음엔 나도 좀 불러주지, 그래."

"……."

잠시 후 아이디어 회의가 시작되었다.

최 팀장은 팀원들을 돌아보며 말했다.

"자, 모두들 근사한 아이디어 하나씩 챙겨왔겠지?"

"아이디어 생각하느라 밤을 꼬박 새웠어요."

"저도 어제 한숨도 못 잤어요."

입사 동기인 박 대리가 입술을 삐죽거리며 말했다.

"저도요, 눈 밑에 다크 서클 생긴 거 보세요."

"어머머, 정말 그러네."

모두들 기분 나쁘지 않은 푸념을 쏟아냈다. 하나같이 비장의 무기를 숨기고 있는 듯 당당한 얼굴이다. 하지만 김 대리는 동료들의 표정을 살피기에 여념이 없다.

그때 김 대리는 최 팀장의 시선과 마주쳤다.

"김 대리는 왜 꿀 먹은 벙어리야?"

"그게 저, 어젯밤에 사정이 있어서…."

"쯧쯧, 하고 있는 몰골하고는. 도대체 어제 술을 얼마나 마신 거야?"

"……."

김 대리는 최 팀장의 도끼눈에 가슴이 난도질당하는 듯 했다.

팀원들은 하나같이 자신이 생각한 아이디어를 설명하기에 분주하다. 반면 김 대리는 쓰린 속을 부여잡고 얼른 회의가 끝났으면 좋겠다, 라는 생각뿐이다.

드디어 회의가 끝났다. 박 대리의 아이디어가 이번 광고 아이템으로 뽑혔다.

김 대리는 회의실을 나서면서 안도했다.

'휴우~. 오늘도 그럭저럭 잘 넘겼군.'

김 대리는 쓰린 속을 달래기 위해 자판기 커피를 마시고 있다. 순간 창유리에 비친 자신의 모습이 시야에 들어온다.

'깎지 않은 수염, 감지 않아 정리되지 않은 머리카락, 어제 입었던 와이셔츠, 밤늦게 마신 술로 까칠해진 피부, 흐리멍덩한 눈….'

문득 이런 회의감이 든다.

내 인생은 왜 이럴까?

어쩌면 당신은 위의 일화를 읽고 가슴이 뜨끔했는지도 모른다. 하지만 굳이 부끄러워하거나 죄책감을 가질 것까지는 없다. 김 대리의 모습은 현재 동시대를 살아가는 대부분 직장인들의 모습이기 때문이다.

아침에 눈을 뜨면 어떤 생각이 드는가?

'아, 정말 멋진 하루야.'

'오늘은 왠지 모르게 좋은 일이 많이 생길 것 같아.'

'오늘도 멋진 하루를 보내자.'

이런 행복한 생각이 드는가? 아니면 다음과 같은 우울한 생각이 드는가?

'아, 벌써 아침이야?'

'오늘 하루 또 어떻게 버티지?'

'아, 10분만 더 잘 수 있었으면…'

'오늘이 주말이었으면 얼마나 좋을까?'

'정말 일하기 싫다.'

당신이 전자라면 분명 지금 즐겁고 행복한 인생을 살고 있다고 할 수 있다. 그러나 후자라면 힘들고 고통스러운 인생을 살고 있다. 매일이 지옥 같을 것이다.

그날의 행복한 감정과 우울한 감정은 새벽 시간을 얼마나 잘 활용하느냐에 달렸다. 그리고 인생의 행복과 성공 역시 새벽 시간에 좌우된다고 해도 과언이 아니다. 그래서 성공자들을 보면 희한하게도 하나같이 새벽형 인간이다.

무일푼에서 백만장자가 된 세계적인 성공컨설턴트인 브라이언 트레이시. 그는 "자신이 하는 일 중에 열의 아홉은 실패하게 마련"이라고 말했다. 그만큼 인생은 자기 뜻대로 이루어지지 않는다. 그래서 대부분의 사람들은 성공하는 인생보다 실패하는 인생을 살고 있다. 정말 극소수만이 자신의 꿈을 실현하는가 하면 원하는 인생을 살고 있다.

나는 인생을 살면서 한 가지 진리를 깨달았다. 지금 내가 서 있는 위치는 그동안 내가 보냈던 새벽 시간과 밀접한 연관성이 있다는 것이다.

문득 이런 회의감이 들 때가 있다.

'내가 원했던 인생은 이게 아닌데….'
'과연 지금 이대로 괜찮은 걸까?'
'5년 후, 10년 후 나는 무엇을 하고 있을까?'

이런 회의감은 내면에서 보내는 '지금 이대로는 안 된다' 라는 적색 신호이다. 이대로 가다가는 얼마 지나지 않아 벼랑 아래로 떨어질 거라는 경고이다. 그러나 대부분의 사람들은 자신의 내면에서 보내는 경고를 무시한다. 때로 잠깐 내면의 적색신호에 귀 기울이더라도 갖은 핑계를 대며 이내 다시 본래의 모습으로 돌아간다.

지금 당신의 내면에서 적색 신호가 깜빡거린다면 더 늦지 않게 그에 귀 기울여야 한다. 그 신호를 받아들여서 지금 당신이 서 있는 위치를 돌아봐야 한다. 절벽을 향해 미친 듯이 질주하는 '인생' 이라는 자동차의 핸들을 과감히 틀어야 한다.

언제까지나 '내 인생은 왜 이럴까?' , '내가 원했던 인생은 이게 아닌데…' 라는 불안과 후회로 살아갈 수 없지 않은가.

02

시간은 누구에게나 공평하다?

당신에게 한 가지 질문을 던져보겠다.

"시간은 누구에게나 공평할까?"

대부분의 사람들은 '시간이 공평하다'는 답을 할 것이다. 왜냐하면 오래전부터 하루 24시간은 누구에게나 똑같이 주어진다는 말을 익히 들어왔기 때문이다. 게다가 세계 갑부인 빌 게이츠나 삼성의 이건희 회장도 당신처럼 하루 24시간 밖에 쓸 수 없다고 생각하기 때문이다.

그러나 세상에 시간만큼 불공평한 것도 없다. 하루 24시간을 48시간처럼 활용하는 사람이 있는 반면에 24시간을 12시간밖에 활용하지 못하는 사람도 있기 때문이다.

시간은 돈과 비슷한 속성을 지니고 있다. 어떻게 쓰느냐에 따라 알 차고 값지게 쓸 수 있기 때문이다.

많은 사람들이 매일 매순간 마치 시간이 무한정하듯 흘려보낸다. 동료들과 커피를 마시며 수다를 떨거나 인터넷 서핑을 하거나 금세 올라온 뉴스를 보다가 오늘 할 일을 채 끝마치지 못한다. 그러고선 '오늘 못하면 내일 하지' 하고 생각한다.

시간에 쫓기는 사람들에게는 한 가지 공통점이 있다. 업무에 집중 하지 않고 딴 짓을 하며 시간을 흘려보내다가 상사나 동료가 업무협 조를 요청하면 이런 핑계를 댄다는 것이다.

"어쩌죠? 시간이 없어서…"
"지금 일이 밀려 있어서…"

이런 모습은 앞장에서 소개한 일화의 김 대리의 모습과 다를 바 없 다. 김 대리의 일상을 들여다보면 밑 독이 깨진 항아리와 같다. 깨진 밑 독으로 물이 새기 때문에 아무리 물을 부어도 차지 않는다. 그래서 나름 열심히 해도 성과가 나오지 않는 것이다.

새벽 5시, 6시. 동료는 벌써 일어나 산책을 하거나 신문이나 책을 읽으며 하루를 설계하는데 당신은 아직도 침대에서 늘어져 자고 있는가? 당신이 반쯤 감긴 눈으로 치약을 짤 때 동료는 상쾌한 기분으로 집을 나서고 있다. 당신이 구겨진 와이셔츠에다 넥타이를 맬 때 동료는 이미 회사에 도착해 자기 계발을 하고 있다.

어쩌면 당신은 "그래봤자 고작 몇 십 분인데 뭐." 하고 항변할지도 모른다. 그러나 인생은 시간으로 이루어져 있다. 하루 몇 십 분이 한 달, 일 년이 되면 고작 몇 십 분이 아니다. 인생을 변화시키는 어마어마한 시간이 된다. 미래를 위한 중요한 일을 할 수 있는 시간을 확보하지 못하면 절대 성공하는 인생을 살 수 없다. 성공은 차치하고서라도 행복한 인생을 살 수 없다.

나는 특강에서 "시간과의 싸움에서 이기지 않으면 절대 인생을 지배할 수 없다. 오히려 시간에 지배를 당하게 된다."라고 충고한다. 하루 몇 십 분을 절대 사소하게 여겨선 안 된다. 일주일, 한 달, 나아가 일 년이라고 가정한다면 엄청난 시간이다. 사실 돈의 복리보다 시간의 복리가 더 무서운 법이다.

당신이 하루에 무심코 흘려보내는 시간은 '비버'와 같다. 머지않아 당신의 '꿈'과 '목표', '행복'과 '성공'을 갉아먹고 결국 벼랑 아래로 떨어뜨릴 것이다.

최근 우리나라 직장인 10명 중 6~7명이 수면부족에 시달리고 있는 것으로 나타났다. 취업포탈 '인크루트'에 따르면 직장인 371명을 대상으로 설문조사를 실시한 결과 67.9%가 '수면시간이 부족하다고'

대답했다고 한다. 수면시간이 '적당하다'는 답변은 21.3%, '충분하다'는 응답은 10.8%가 나왔다.

직장인들은 수면이 부족한 가장 큰 이유로 '스트레스로 인한 불면증(39.3%)'을 꼽았다. 이어 '야근(21.0%)', 'TV시청(11.1%)', '가사 · 육아(10.3%)', '게임 · 인터넷(7.3%)', '음주(4.8%)' 등이 뒤를 이었다.

수면이 부족하다고 답한 직장인 중 87.3%는 '업무능률이 떨어지는 것을 느낀다'고 밝혀 수면 량이 업무능률에 큰 영향을 끼치는 것으로 나타났다.

대한수면학회가 지난 2010년 조사한 결과, 우리나라 직장인의 평균 수면시간은 6시간 36분으로 미국에 비해 1시간 이상 잠이 부족한 '만성적 수면부족'에 시달리는 것으로 밝혀졌다. 학회는 이 같은 수면부족에 따른 근로시간 손실이 근로자 1인당 연간 711시간 31분(주 5일 기준 하루 평균 약 2시간 40분)에 해당하며, 비용 손실액을 계산하면 연평균 약 1600만원에 달한다고 발표한 바 있다.

대부분의 직장인들이 가지고 있는 수면시간 부족의 원인은 그 누구에게도 있지 않다. 자기 자신에게 있다. 퇴근 후 동료들과 즐기는 맥주한 잔, 늦은 TV시청이나 PC게임이나 인터넷 서핑 등에 의해 수면시간이 현저히 부족할 수밖에 없다.

시간은 절대 공평하지 않다. 당신이나 나나 몸뚱이 하나로 인생을 개척해야 하는 잡초 같은 인생이다. 따라서 시간을 언제나 수도꼭지만 틀면 쏟아지는 물처럼 생각해선 안 된다. 황금으로, 돈으로 여겨야한다. 시간을 어떻게 활용하느냐에 따라 눈부신 인생이 될 수도, 진창길 같은 암울한 인생이 될 수도 있다.

당신에게는 이루고 싶은 꿈이 있다. 어쩌면 조직 내에서 탁월한 성과를 이뤄 인정을 받거나 자기 분야에서 공히 최고가 되고 싶은 꿈인지도 모른다. 그러나 이와 같은 꿈들은 시간에 끌려가기보다 끌고 가는 사람만이 이룰 수 있다. 시간을 지배하지 못하는 사람에게는 그야말로 꿈(夢)같은 일일 뿐이다. 계속 지금과 같은 '저녁형 인간' 생활 패턴을 고수한다면 조직에서 도태되거나 경쟁자에게 추월당하게 되리라는 것은 불 보듯 뻔하다.

다음 명언을 가슴에 새겨보자.

"변명 중에서도 가장 어리석고 못난 변명은 '시간이 없어서'라는 변명이다." -미국의 발명가 토머스 에디슨

03

새벽잠은 인생에서 가장 큰 리스크이다

"방금 잠든 것 같은데, 벌써 아침이야?"

"오후에만 근무할 수 있는 직장이 어디에 없을까?"

최 대리는 퉁퉁 부은 눈을 겨우 부릅뜨고 월요일 아침을 맞이한다. 그러나 어제 밤에 한 친구와 과하게 술을 마신 탓에 속이 쓰리고 몸이 피곤하다. 특히나 한층 추워진 겨울 날씨에 따뜻한 이불 밖에 나오고 싶지 않다. 조금만 더 잘 수 있으면 얼마나 좋을까, 하는 생각이 뇌리에서 사라지지 않는다.

새벽잠이 많은 사람들의 공통점이 있다. 바로 야행성이라는 것이다. 이들은 밤을 낮처럼 생활한다. 남들이 힘찬 하루를 보내고 귀가할 때 이들은 술집에서 술을 마시거나 사무실을 환히 밝힌 채 야근을 한다. 남들이 잠자리에 들 때쯤이면 PC게임이나 인터넷 서핑을 한다. 그러다보면 자정을 훌쩍 넘기게 된다. 그러니 이들이 새벽잠이 많을 수밖에 없다. 우리 인체는 부족한 수면을 채우기 위해 '잠보'로 만들기 때문이다.

그러나 세상은 당신이 새벽잠에 깊이 빠져있다고 해서 똑같이 잠들어 있지 않다. 당신이 시체 놀이를 하고 있을 때 세상에는 많은 일들이 일어나고 있다. 새벽 고요 속에 환경미화원들이 분주히 거리를 청소하고, 우유 배달부는 당신의 집 현관에 우유를 놓아둘 것이다.

또 부지런한 직장인들은 더 나은 미래를 위해 새벽시간에 자기 계발에 힘쓴다. 눈엣가시 같은 경쟁자가 당신을 넘어서기 위해 치열하게 공부하고 있는지도 모른다. 이처럼 당신이 새벽잠에 빠져 있는 사이 많은 변화가 일어난다.

아직 깜깜한 새벽 5시. 시끄러운 알람시계 소리에 최 과장은 눈을 뜬다. 냉수 한 잔 마신 후 씻고 집을 나와 종로로 향한다. 6시30분부터 시작되는 영어회화학원에 가기 위해서다.

중소기업에 근무하는 최 과장은 올해 초까지만 해도 이틀이 멀다 하고 술자리에 어울렸다. 그런데 어느 날 문득 '5년 후의 내 모습은 어떨까?'라는 생각이 들었다. 그러자 지금처럼 회사가 앞으로도 자신을 보장해줄 수 없다는 것을 깨달았다. 이런 자각으로 그는 그동안 안일하게 살았던 생활습관에서 탈피해 새로운 생활습관을 갖기로 결심했다.

그는 새벽 시간을 이용해 무엇을 할까, 고민하던 중 며칠 전 새벽 시간에 자기 계발을 한다는 총무부 이 대리의 말이 생각났다. 자신도 시류에 뒤처지지 않기 위해 영어와 컴퓨터를 배우기로 마음먹었다.

그가 다니는 영어학원의 같은 반에는 20~30대의 젊은 층이 주류를 이루고 있다. 하지만 그와 연배가 비슷한 사람도 10여명이나 된다. 모두들 위기의식을 느끼고 더 이상 늦지 않게 이곳으로 부랴부랴 달려왔을 것이다.

수강이 끝나면 그는 인근 패스트푸드점에 가서 커피와 샌드위치로 아침식사를 마치고 직장으로 향한다.

그는 지난 12월부터는 주말 새벽을 이용해 컴퓨터학원에 다니며 컴퓨터 기초 공부를 시작했다. 사실 그는 컴퓨터 실력이라고는 고작 인터넷 서핑과 워드프로세서 작성 수준이 전부였다. 그래서 그동안 부하직원들에게 업무를 맡기곤 했다. 하지만 언젠가부터 자신을 대하는 부하직원들의 태도가 거슬렸다. 마치 자신을 월급 도둑쯤으로 여기는 것 같았다.

며칠 전에는 급기야 김 대리가 이렇게 톡 쏘는 것이었다.

"과장님, 앞으론 과장님께서 직접 하셨으면 좋겠어요. 엑셀 생각보다 어렵지 않거든요."

그날 그는 '이대로는 안 되겠어'라는 위기의식이 느껴졌다. 그리고 몇 달 전에 경쟁사에 있던 한 동료가 구조조정으로 하루아침에 직장을 잃은 기억이 되살아났다. 결코 남의 일이라고만 할 수 없었다.

지금 자신은 비록 운 좋게 살아남았지만 '구조조정의 칼날'이 언젠가는 자신에게 다가올 것이기 때문이다.

최 과장과 같은 사례는 이제 낯선 풍경이 아니다. IMF 경제위기는 직장인들의 생활습관과 직업관에 커다란 변화를 가져왔고, 그 변화의 속도는 점차 거세지고 있다. 평생직장은 구시대의 유물이 되었고 평생 직업만이 남았다. 특히 기존 산업체계를 송두리째 바꾸고 있는 인터넷과 정보통신산업의 발달은 끊임없는 자기 계발을 통해 자신의 경쟁력을 키우기를 요구하고 있다.

인터넷 전문가들은 "현재 인기직종으로 꼽히는 기존 인터넷과 정보통신업체 중 절반 이상이 5년 내에 도태될 것"이라고 예견하고 있다. 따라서 사회적으로 대량 실직과 해고가 불가피해지며 다양한 직업훈련, 교육, 자기 계발을 통한 전직이나 이직이 활발해질 것임은 불 보듯 뻔하다.

이제는 더 이상 새벽잠에 빠져 있어선 안 된다. 새벽잠은 '인생에서 가장 큰 리스크'라는 사실을 인식해야 한다. 역사는 새벽에 이루어진

다하지 않는가. 우리 개개인의 인생 역시 새벽에 창조된다.

성공하는 인생을 사는 사람들은 하나같이 새벽을 성공의 초석을 다지는 시간으로 알차게 활용했다. 그들이 남들보다 앞서나가거나 보다 빨리 성공할 수 있었던 것은 새벽 시간을 생산적으로 보냈기 때문이다.

새벽 시간은 덤으로 주어지는 시간이다. 그러니 이 시간을 잘 활용하는 사람이 그렇지 않은 사람에 비해 훨씬 앞서가고 성공하는 법이다.

어제 부산에 위치한 S식품회사에서 시간에 대해 강연을 하면서 이렇게 말했다.

"새벽을 죽은 시간으로 여기지 마세요. 인생에서 덤으로 주어지는 보너스로 생각하세요. 여러분에게 부족한 부분을 보완하는 소중한 시간으로 활용할 때, 3년 후, 5년 후 여러분의 모습은 오늘과 백팔십도로 다른 모습일 겁니다."

앞으로 현재 대기업과 벤처기업을 중심으로 실시되고 있는 스톡옵션제가 보편화된다. 삼성그룹은 지난해 말 모든 계열사를 대상으로 수익 가운데 20~30%를 직원들에게 돌려주는 종업원 이익 배분제 도입을 선언했다. 다른 대기업으로의 확산은 시간문제일 뿐이다. 미국 경영전문지인 《포천》지는 몇 해 전 '미국 최고직장 100선'을 발표하면서 "선정된 100개 기업 중 70% 가량이 현재 직원들에게 스톡옵션을 제공하고 있다."라고 밝힌 바 있다. 우수한 인력들을 유치하고 기존의 우수한 인재들이 직장을 떠나지 않게 하는데 최소한 스톡옵션과 같은 혜택을 줘야한다는 인식이 공유되고 있는 것이다.

그러나 스톡옵션과 같은 당근에만 시선이 가선 안 된다. 절대로 기업은 이윤 없는 장사는 하지 않기 때문이다. 즉, 기업이 직원들에 대한 스톡옵션과 같은 혜택을 늘리는 대신 그에 맞는 능력을 요구할 것이다. 만일 기업이 요구하는 대로 자신의 역량을 발휘하지 못한다면 어떻게 될까? 천길 벼랑 아래로 떨어지게 된다.

그럼에도 불구하고 당신은 이렇게 변명할 수 있을까?

"난 새벽잠이 많아서…"

"난 원래 야행성이라서…"

"잠 좀 더 잔다고 내 인생이 어떻게 되겠어?"

04

밤을 낮처럼 사는 사람들

"10시쯤 출근하는 그런 회사 없을까?"

현재 세일즈를 하는 친구 P의 푸념이다. 여러분 가운데 이와 같은 생각을 가진 사람들도 적지 않으리라 생각된다. 만일 오전에 출근하는 근무 여건을 가지게 되면 늦잠을 잘 수 있어서 좋겠지만 사실 폐해가 더 많다. 밤을 낮처럼 살게 되면 업무 효율성 면이나 건강 면에서 많은 것을 감수해야 한다. 무엇보다 성공하는 인생과 거리가 먼 인생을 살게 된다.

실제 미국의 한 의학보고서에 의하면 제때 잠을 자지 않으면 암 발병률이 크게 올라간다고 한다. 특히 멜라토닌 결핍은 유방암의 발병과 연관성이 높다는 것이다. 밤새워 근무하는 직장인은 수면패턴이 달라짐에 따라 건강에 적신호가 온다는 것이다.

아래 세 사람은 저녁형 인간으로 생체리듬이 바뀐 후 적지 않은 폐해를 입은 사람들이다. 하지만 다행히 그들은 몇 배의 노력으로 정상적인 생활로 되돌아왔다. 그들의 이야기를 통해 어떤 폐해가 있었는지 만나보자.

<u>군대 제대하고 복학한 최주영 씨</u>

그는 의욕적으로 대학생활을 시작했다. 강의 시간에 늦는 법이 없었고 강의가 끝난 후 도서관에서 밤늦도록 책에 파묻혔다. 반면에 친구들은 미팅과 동아리활동 등 대학생활을 제대로 즐기고 있었다. 하지만 그는 그럴 수 없었다. 고향에서 고생하는 부모님이 마음에 걸렸기 때문이다.

바쁘게 지내는 동안 한 학기가 끝나고 여름방학이 시작되었다. 그는 아르바이트를 해서 학비에 보태기로 했다.

'아르바이트를 하면 큰돈은 아니더라도 보탬은 될 거야.'

그는 근처 편의점에서 아르바이트를 시작했다. 근무시간은 밤부터 다음날 아침까지였다. 일을 마치고 돌아오면 졸음이 쏟아졌다. 자고 일어나면 어느덧 저녁이 되어 있었다. 2주일 가량 흐르자 저녁에 활동하는 것에 익숙해졌다.

'역시 나는 저녁형이야.'

한 달가량 지나자 그는 편의점 아르바이트로는 용돈 정도밖에 벌 수 없다는 것을 알았다. 그래서 그는 편의점 아르바이트보다 수입이 많다는 생각에 심야 대리운전을 시작했다. 대리운전의 수입은 고정적이지 못했지만 편의점 수입보다는 많았다.

'몇 달만 고생하면 학비랑 용돈은 벌 수 있겠는 걸.'

열심히 뛰어다니면 하룻밤에 10만원도 벌 수 있었다. 돈 버는 재미에 푹 빠진 그는 강의에 소홀해지기 시작했다.

'강의는 출석만 잘해도 B는 줄 거야. 시험은 일주일 동안 벼락치기 하면 될 테고.'

대리운전을 시작하면서 차츰 잠자리에 드는 시각도 늦어졌다. 아침 8시이던 기상시각이 9시, 10시로 늦어지면서 수업도 빼먹기 시작했다. 때로는 잠이 오지 않는 날도 있었다. 그럴 땐 근처 비디오가게에서 빌려온 DVD를 보며 졸음이 쏟아지기를 기다렸다.

"몸은 피곤한데 왜 잠이 안 올까?"

급기야 그는 오전 10시에 잠들어 오후 5시, 6시에 일어나곤 했다. 일어나 대충 저녁을 먹고 대리운전을 하러 나갔다. 이제는 강의 시간에 빠져도 별다른 죄책감을 느끼지 못했다.

'출석체크 안한다고 해서 교수님이 설마 F주겠어?'

이렇게 그는 낮과 밤의 생활패턴이 완전히 달라졌다. 저녁형 인간이 된 것이다.

<u>중학교 2학년인 최신형군</u>

최 군은 반에서 유명한 '지각대장' 이다. 어느 새 늦게 자고 늦게 일어나는 생활 리듬에 익숙해진 탓에 매일 새벽 1~2시가 돼서야 잠이 들곤 했다. 그 때까지 PC게임 삼매경에 빠져 있었던 것이다.

"자꾸 늦게 자면 컴퓨터 없애버릴 거야."

부모님의 협박 아닌 협박에 최 군은 일찍 자는 듯 했다. 하지만 최 군은 부모님이 잠들고 난 후 다시 PC게임을 시작했다. 최 군의 취침시각은 비 규칙적인데 반해 등교시간은 매일 일정했다. 새벽 늦게 잠드는 탓에 아침이 되면 졸음이 쏟아져 눈 뜨기가 쉽지 않았다.

"엄마, 딱 10분만."

매일 아침마다 엄마와 한바탕 실랑이가 벌어졌다. 아무리 엄마가 화를 내도 최 군은 아랑곳하지 않았다.

<u>중소기업에 근무하고 있는 안소희 대리</u>

그녀는 언제나 새벽 2시가 지나서야 잠자리에 들었다. 그때까지 친구들과 전화로 수다를 떨거나 독서, TV시청, 혹은 컴퓨터게임에 푹 빠져 있었기 때문이다. 그러다보면 어느새 새벽 1시가 훌쩍 지나 있었다.

TV를 보면 항상 12시 즈음 되어서야 제일 중요한 클라이맥스에 도달 했다. 그리고 게임 역시 12시 즈음 되어서야 아이템을 얻거나 잃곤 했다. 그나마 아이템을 얻게 되면 기분 좋게 잠을 잘 수 있지만 아이템을 잃기라도 하는 날에는 반드시 복귀시켜놔야 잠들 수 있었다.

그녀는 그때마다 이렇게 합리화했다.

'에이 까짓것 5분만 더 하다 자자.'

'좀 더 일찍 잔다고 해서 인생이 달라지나?'

그러나 바늘 도둑이 소도둑이 되듯이 10분, 20분이 훌쩍 지났다. 결국 새벽 2시가 넘어서야 이불 속으로 파고들었다.

결국 아침에 발개진 눈에 퉁퉁 부은 얼굴로 늘 집을 나섰던 것이다.

주변에 밤을 낮처럼 사는 사람들을 쉽게 볼 수 있다. 최주영 씨는 지인의 동생이다. 그는 처음에 용돈을 벌기 위해 아르바이트로 시작했지만 생체리듬을 잃은 탓에 결국 학교를 휴학하고 말았다.

위의 세 사람은 전형적인 저녁형 인간이라고 할 수 있다. 그러나 처음부터 저녁형 인간이 아니었다. 오히려 그 반대였다. 하지만 그들은 유난히 늦게 자거니와 늦게 일어나는 생체 리듬에 익숙해지다 보니 자신도 모르게 저녁형 인간이 되고 말았던 것이다. 물론 저녁형 인간이 되면서부터 생활이 꼬이기 시작하고 많은 시련을 겪었다.

그러나 그들은 자신들의 폐해를 깨닫고는 새벽형 인간이 되기 위해 노력했다. 일찍 잠자리에 들었고 기상시각을 당김으로써 새벽형 인간으로 거듭날 수 있었다. 늦게 자고 늦게 일어나는 청소년이나 직장인에게는 폐해가 한두 가지가 아니다. 그들은 수면시간이 고작 4~5시간밖에 되지 않는 탓에 오전 수업이나 근무시간 내내 쏟아지는 졸음 때문에 집중력을 잃는다. 집중력을 잃은 그들이 공부나 업무를 제대로 할 수 있을까?

저녁형 인간들 가운데 이런 생각을 가진 사람도 있을 것이다.

'수면 시간의 총량만 맞추면 저녁형 인간으로 생활해도 별 상관없어.'

그러나 이는 숙면이 건강을 지키고 업무 컨디션을 유지하는데 얼마나 큰 영향을 끼치는지 모르고 하는 말이다.

한 수면 전문의는 이렇게 말했다.

"새벽 2시에 잠들고 오전 10시쯤 깨어 일상생활을 하도록 유전적으로 프로그램이 된 진짜 저녁형 인간은 인구의 5~6%에 불과합니다. 따라서 그렇지 않은 사람들이 올빼미 생활을 하는 것은 숙면으로 얻을 수 있는 건강을 포기하는 셈이에요."

인체 내에는 몸을 주기적으로 조절하는 생체시계가 있다. 생체시계는 기상 후 햇빛을 받기 시작한 지 15시간이 지난 다음, 두뇌에 휴식이 필요하다는 신호를 보낸다. 이때 면역력을 올려주는 멜라토닌 호르몬이 분비되고 바야흐로 숙면을 위한 준비가 시작된다.

그런데 이 멜라토닌은 주위가 어둡고 수면이 깊은 3, 4단계 상태에서, 체온이 적당이 내려간 시점에 분비가 활성화되는데 잠드는 시간이 늦어지면 자연히 이런 조건을 벗어나 분비량이 줄어들고 결과적으로 인체의 면역력이 떨어지게 된다.

야근을 밥 먹듯이 하는 워커홀릭들이 있다. 이들은 밖으로는 동료나 상사에게서 칭찬을 들을지 모르지만 안으로는 몸을 병들게 하고 있다. 뿐만 아니라 집중력 저하로 오래지 않아 들이는 시간과 노력에 비해 업무 효율성은 하향곡선을 그릴 것이다. 이는 결국 스스로 회사에서 도태되는 시기를 앞당기는 것과 같다.

학생이 공부를 잘하려면 집중력을 높여야 한다. 마찬가지로 직장인 역시 자신의 역량을 최대한 발휘하기 위해선 최상의 컨디션을 유지해야 한다. 그래야 업무 효율성을 높여 조직 내에서 두각을 나타낼 수 있기 때문이다.

최상의 컨디션은 원기 왕성한 새벽에서 비롯된다. 늦게 일어나 시간에 끌려가기보다 새벽에 기상해 시간을 몰고 가야 한다. 그래야 여유 있고 활기찬 하루를 시작할 수 있다. 저녁형 인간은 자신의 생체시계를 속여 몸에 무리를 주게 된다. 하지만 새벽형 인간은 생체시계에 맞춰 생활하기 때문에 최상의 컨디션을 유지할 수 있다.

시간이 갈수록 승승장구하는 사람, 성공하는 사람들을 보라. 그들은 모두 여유를 가지고 아침을 시작한다. 언제나 그들은 자신감으로 넘친다. 또한 긍정적인 시각으로 사람들을 대하기 때문에 늘 좋은 이미지를 심어주게 된다. 그들이 성공하는 것은 어쩌면 당연한 이치가 아닐까?

05

나는 새벽형 인간일까, 저녁형 인간일까

"나는 오후쯤 돼야 일이 잘 돼. 전형적인 저녁형 인간인가봐."

"나는 잠이 많아서 도저히 새벽형 인간은 무리야."

"새벽 일찍 일어나면 하루 종일 하품이 나오고 일에 집중이 안 된단 말이야."

이렇게 말하는 사람들이 있다. 그런데 재미있는 사실은 새벽형 인간에 대해 부정적으로 말하거나 스스로 저녁형 인간이라고 말하는 사람들 가운데 거의가 저녁형 인간이라고 '착각' 하고 있다는 것이다. 착각하는 이유는 새벽형 인간은 늦어도 오전 6시 이전에 일어나야 하기 때문에 사실 일찍 일어나는 습관이 몸에 배어있지 않은 사람한테는 고역이다. 그래서 알람시계가 요란하게 울려댈 때 머릿속에는 '제발 5분만 더 잤으면…' 하는 생각이 간절하다.

반면에 저녁형 인간은 어떤가? 새벽에 일어나는 고통에서 벗어날 수 있다. 그러니 새벽형 인간에 비해 저녁형 인간은 너무나 쉽고 편하다. 그래서 대부분의 사람들이 자기 자신에 대해 깊이 생각해보지도 않은 채 그저 저녁형 인간이라고 판단하는 것이다.

오전 5시 이전에 일어나서 활동하는 사람을 '새벽형 인간'이고, 오전 8~9시에 일어나는 사람을 저녁형인간이라고 한다. 대부분 직장인들은 제 시간에 출근하기 위해선 7시경에는 일어나야 한다. 물론 기상할 때마다 마음속에선 더 자려는 욕구와 이제 일어나서 준비해야한다는 욕구의 치열한 싸움이 벌어진다.

3년 전만 해도 저녁형 인간이었지만 지금은 새벽형 인간 생활을 하는 지인이 있다. 그는 자영업을 했는데 아침 9시 반 쯤 일어나 하루를 시작했다. 나는 그런 그에게 몇 시간만 더 일찍 일어나면 하루를 더 길게 살 수 있다고 조언했다. 하지만 그는 자신은 새벽형 인간이 아니라며 극구 거절했다. 그랬던 그가 나의 조언을 받아들여 새벽형 인간으로 전환했다. 시간의 소중함에 대해 깨닫기 시작한 것이다.

그때부터 그는 기상 시간을 10분씩 당기더니 지금은 나와 같이 5시경에 일어나서 조깅도 하고 그날 해야 할 일의 우선순위를 정하는가 하면 계획을 세운다. 저녁형 인간 생활을 할 때는 얼굴이 푸석하고 생기가 없었는데 새벽형 인간 생활을 하는 지금은 그야말로 얼굴이 회춘을 한 듯이 탱탱하고 생기마저 넘친다.

사실 새벽형 인간이니 저녁형 인간이니 하는 것은 없다. 물론 학자들은 실험을 통해 사람마다 기상하는 생체리듬이 다르다고 하는데 사실 나는 동의하지 않는다. 나는 시골 출신이다. 어른들은 하나같이 새벽 5시~6시 되면 일어나서 곧장 논과 밭에 나가서 일을 했다. 그들에게서 "나는 저녁형 인간이니 오전쯤 일어나서 일하는 게 편해." 이런 말을 들어본 적이 없다. 새벽형 인간, 저녁형 인간으로 나뉘게 하는 것은 수면시간이라고 생각한다. 아무리 부지런한 사람이라고 하더라도 자정이 넘은 시간에 잠들게 되면 다음날 오전 5~6시경에 일어나지 못한다. 그러나 밤 10~11시쯤 잠들게 되면 누가 깨워주지 않아도 절로 오전 5~6시가 되면 눈이 뜨인다. 이미 잘 만큼 잤기 때문이다.

"밤늦게 잠들고 아침 늦게 일어나는 올빼미형인데요. 주말이면 더 심해져서 오전 대부분을 잠으로 보낸답니다. 여러분은 새벽형 인간인가요? 아니면 저녁형 인간인가요?"

"잠이 많아서 오전 대부분을 잠으로 보내요. 저는 저녁형 인간이에요. 밤늦게까지 눈 또릿또릿하게 뜨고 있다가 다음날에 일어나기 힘들어해요. 주말에는 더 심해서 심한 경우에는 오후 4시에 일어난 적도 있어요."

위와 같이 스스로를 저녁형 인간이라고 말하는 사람들을 보면 공통점이 있다. 너무 늦게 잠든다는 것이다. 그것도 저녁 식사 후 간식 등으로 과식을 한 채 말이다. 그러니 그들이 일찍 못 일어나는 것은 어쩌면 당연하다.

친한 작가 Y가 있다. 그는 주로 밤에 글쓰기 시작해서 새벽 3~4시에 작업을 마쳤다. 그의 나이는 아직 마흔이 되지 않았지만 얼굴에선 제법 중년 티가 난다. 동년배에 비해 얼굴에 주름도 많고 늘 피로에 찌들어 있어서 나이가 더욱 들어 보인다. 나는 그를 만날 때마다 입버릇처럼 생체리듬을 저녁형 인간 생활에서 새벽형 인간 생활로 바꾸라고 충고했다. 처음에는 늦은 밤에 글을 쓰는 것이 편하고 좋다며 내 말을 듣지 않더니 언젠가부터 새벽형 인간 생활을 하고 있다. 새벽형 인간으로 전환한 이유는 자신과 나의 원고 쓰는 양을 비교했더니 내가 훨씬 많았기 때문이다.

나는 23살 때부터 지금까지 13년 동안 책을 썼는데, 그동안 117권의 책을 펴냈다. 그것도 36세에 말이다. 지난해 12월에는 한국기록원이 주최한 '대한민국 기록문화대상' 개인부문을 수상하여 최연소, 최단기간, 최다집필로 기네스북에 등재되기도 했다. 그런데 Y는 나와 비슷한 기간 동안 책을 썼지만 지금껏 고작 15권 밖에 펴내지 못했다. 물론 작가에게 있어 책의 권수는 중요하지 않다. 하지만 권수가 적다면 각 권당 판매 부수는 월등해야하지 않을까? 하지만 그는 그마저도 아니었다. 그래서 그는 책을 쓰면서도 늘 좌절감에 빠져있었다. 그러던 중 새벽형 인간 생활을 하는 나를 보면서 자신의 생체리듬을 바꾸게 된 것이다. 현재 그는 저녁형 인간 생활을 하던 예전에 비해 같은 시간 대비 작업량도 훨씬 많아졌을 뿐 아니라 질적으로도 향상되었다.

대다수의 사람들은 자기 자신을 저녁형 인간이라고 착각하고 있다. 시간관리 유형을 묻는 한 설문조사에서 직장인 10명 중 7명은 자신의 시간관리 유형을 '저녁형 인간'이라고 답한 것으로 나타났다. 온라인 리크루팅 사이트 잡코리아는 직장인 포털 비즈몬과 함께 직장인 1,861명을 대상으로 '시간관리 유형'에 대한 설문조사를 실시한 결과, 설문에 참여한 직장인 중 65.2%가 자신의 시간관리 유형이 '저녁형 인간'이라고 응답했다고 밝혔다.

퇴근 후 저녁시간은 주로 운동(36.1%)과 취미활동 및 동호회 활동(18.9%), 업무관련 학원 수강 및 자격증 준비(14.0%), 독서(9.7%) 등의 활동에 활용하고 있는 것으로 나타났다.

특히 직장인들 중 대다수가 퇴근 후 밤 시간에 운동, 인간관계, 자기 계발 등에 시간을 활용하고 있다. 하지만 나는 새벽시간을 활용하라고 조언하고 싶다. 새벽시간은 밤 시간에 비해 고요할 뿐 아니라 방해요소가 없다. 그래서 같은 한 시간이라도 새벽시간에 자기 계발을 한다면 훨씬 생산적일 수 있다. 성과 역시 극대화된다.

어느 날 한 독자가 보내온 메일 중 일부분이다.

"야행성 생활을 고치기 위해 분투하고 있는데 열흘 째 10시에 잠을 청하고 있습니다. 그런데 어느 날부턴가 회사 출근하는 사람처럼 5시 쯤만 되면 눈이 떠집니다. 저도 드디어 저녁형 인간에서 새벽형 인간으로 바뀌는 가 봅니다."

그렇다. 태어날 때부터 너는 새벽형 인간, 나는 저녁형 인간이라고 정해지지 않는다. 이 둘을 구분 짓는 것은 자신의 '착각'과 '생활리듬'이다. 하루를 활기차게 시작하고 싶다면 저녁형 인간에서 새벽형 인간으로 전환해야 한다. 새벽형 인간은 갈수록 시간을 내 편으로 만들어 더 나은 인생을 만들 수 있다.

마지막으로 스스로를 저녁형 인간이라고 말하는 사람들에게 이렇게 말하고 싶다.

"새벽형 인간, 저녁형 인간은 정해져 있지 않다. 다만 생활 리듬, 습관에 있다. 갈수록 시간을 내 편으로 만드는 새벽형 인간이 되어라."

숙면을 취하게 하는 3가지 비결

첫째, 야식 금지

한밤중의 야식의 유혹만큼 뿌리치기 힘든 것도 없다. 하지만 이는 늦게 잠들어서 늦게 일어나게 되는 주요 원인이 된다.

둘째, 잠들기 한 시간 전부터 스마트폰, PC게임 등 하지 않기

PC게임, 쇼핑, 인터넷 서핑은 시간을 잡아먹는 하마이다. 밤보다 낮에 하는 것이 좋다.

셋째, 잠들기 전 나만의 의식을 수행하기

잠들기 30분 전부터는 나만의 잠이 드는 의식을 해보자. 오늘 하루 동안 있었던 일을 떠올리며 반성하거나 내일 할 일을 정리해보는 것도 좋다. 간단한 스트레칭도 좋고, 알람시계를 맞춘다던지 30분 전부터 미리 침대에 누워 있는 것도 좋다.

06

나는 왜 우울한 걸까?

요즘 들어 부쩍 우울해하는 사람들이 많아졌다. 예전에는 30대 후반부터 40대에 이르는 직장인들 가운데 주로 발병했지만 최근에는 20대 후반에서도 많이 발병하고 있다. 과거에 비해 현재는 하루가 급변할 뿐 아니라 경쟁 또한 치열하기 때문이다. 그런 과정에서 심리적 압박감에서 오는 스트레스가 심한 탓이다.

누군가 우울증에 걸렸을 때 주위 사람들은 '정신력이 약한 사람', '정신과 치료가 필요한 사람'이라는 식으로 인식하게 된다. 그래서 주위 사람들로부터 비난받는 게 두려워 자신이 우울증을 앓고 있다는 것을 드러내지 않는 경우가 많다. 심한 경우에도 몰래 정신과 치료를 받는다.

얼마 전 실시한 설문조사에 따르면 직장인 63%는 출근만 하면 무기력해지고 우울해지는 '회사 우울증'에 시달리고 있다고 한다. 대부분의 사람들이 겪는 전형적인 우울증의 증상은 지속적인 기분 침체, 의욕·식욕·집중력 저하, 불면증 등이다. 그러나 요즘은 기쁘고 즐거운 일이 있으면 일시적으로 활기가 넘치면서도 식욕이나 수면은 크게 떨어지는 신형 우울증으로 고생하는 사람들도 적지 않다. 전형적인 우울증이 보통 20대와 중년층에서 주로 나타나는데 비해 신형 우울증은 30대에서 많다. 특히 실패나 좌절한 경험이 있거나 타인의 말에 순종적으로 따르는 사람들, 인간관계에서 어려움을 겪는 사람들 사이에서 많이 나타나고 있다.

그렇다면 전형적인 우울증이건 신형 우울증이건 극복할 수 있는 방법은 없을까? 생활 리듬을 바꾸는 것만으로도 우울증에서 벗어날 수 있다. 사실 신형 우울증의 경우 낮과 밤이 뒤바뀐 생활을 함으로써 생활 리듬이 무너진 데에서 비롯되는 경우가 많다. 따라서 일찍 잠들고 일찍 기상하는 것만으로도 우울함을 치유할 수 있다.

우리 인체에는 수면과 체온, 호르몬 분비, 자율신경 등을 조절하는 체내시계가 있다. 그런데 밤과 낮이 바뀌게 되면 체내시계 시스템이 뒤엉켜 몸과 마음의 피로가 쌓이고 다시 스트레스가 되어 우울증으로 나타나게 된다.

나 역시 저녁형 인간 생활을 하던 20대 초반까지만 해도 우울증에 시달렸다. 당시는 주로 밤에 글을 썼는데 새벽 2~3시가 되어서 잠들 곤 했다. 그리고 오전 10시쯤 일어나서 하루를 시작했는데 일어날 때 마다 머리가 무겁고 자꾸만 조급증과 함께 '내 인생은 왜 이럴까' 라는 회의감이 머릿속에서 떠나지 않았다.

당시 나는 '베스트셀러 작가', '동기부여가', '내가 쓴 책 해외 판권 수출' 등의 꿈을 가지고 있었다. 그러나 나의 위치는 그런 꿈들과는 거리가 먼 것이었다. 꿈들과의 거리도 먼데다가 매일 같이 새벽녘에 잠들어 오전 중에 일어나다보니 늘 시간에 끌려 다녔고 패배자가 된 듯한 기분이었다.

그러나 저녁형 인간에서 새벽형 인간으로 전환하자 정말 거짓말처 럼 우울함을 떨쳐낼 수 있었다. 새벽형 인간 생활을 하자 시간을 끌고 다니는 것은 물론 하루가 정말 길다는 것을 실감할 수 있었다.

새벽 5시에 일어나 원고를 쓰니 밤중에 쓸 때보다 시간은 훨씬 적 게 들이면서도 훨씬 퀄리티 높은 원고를 쓸 수 있었다. 자연히 성취감 과 보람은 배가 되면서 마음은 더욱 홀가분했다. 그리고 몇년 후 내가 쓴 책이 베스트셀러에 진입했는가 하면 저서 《미셸처럼 공부하고 오 바마처럼 도전하라》를 펴낸 후 울산대학교 경영대학원에서 저자 특강 요청이 들어와 서른 초반에 생애 첫 특강을 하면서 동기부여가의 꿈 이 시작되었다.

지금껏 내 모든 꿈과 목표를 실현할 수 있었던 것은 새벽 시간을 잘 활용했기 때문이라고 자신 있게 말할 수 있다.

나는 사람들에게 이렇게 말한다.

"자신이 우울하다고 생각되는 분은 저녁형 인간에서 새벽형 인간으로 생활리듬을 바꿔야 합니다. 저녁형 인간은 부정적 사고에 빠져 자신의 단점만 신경 쓰며 괴로워하기 십상이죠. 그래서 우울증에 쉽게 빠지게 됩니다. 그러나 새벽형 인간은 새벽 일찍 일어나기 때문에 시간에 끌려가기보다 지배를 할 수 있습니다. 그래서 보다 마음의 여유를 가지고 하루를 시작할 수 있게 되죠. 자연히 긍정적이고 적극적인 사고를 할 수 있게 됩니다. 마음의 여유와 긍정적이고 적극적인 사고를 가질 때 우울증과 '안녕' 할 수 있습니다."

직장인 뿐 아니라 학생들 가운데에서도 우울해하는 학생들이 있다. 그들 대부분이 저녁형 인간이다. 나는 그들에게도 저녁형 인간에서 새벽형 인간으로 전환하라고 조언한다. 오후 10시, 늦어도 11시에는 자고 새벽 4시 반, 5시에 일어난다. 이렇게 6시간 숙면을 취함으로써 전날의 피로가 풀리고 개운한 기분으로 이른 새벽부터 공부를 시작할 수 있다.

우울해지는 이유는 피로를 계속 안고 있기 때문이다. 피로가 쌓이면 당연히 공부에 몰입할 수 없다. 따라서 시간과 노력을 쏟아도 공부

효과는 없으니 슬럼프에 빠지게 되고 우울해지는 것이다.

저녁형 인간보다 새벽형 인간들의 전반적인 삶이 훨씬 행복하다는 연구결과가 나왔다. 보통 저녁형 인간은 아침에 등교나 출근하기 위해서 온갖 인상을 찌푸리며 일어난다. 반면에 새벽형 인간들은 일찍 일어나 여유를 즐긴다. 이런 새벽형 인간들이 저녁형 인간들에 비해 그날의 기분 뿐 아니라 전반적인 인생이 더 행복하고 만족스럽다는 것이다.

미국 온라인 과학전문 뉴스사이트인 '라이브 사이언스' 가 밝혔다.

토론토대학원의 연구진들은 나이든 사람들에게도 새벽형 생활 습관이 그들의 평생의 인생에 영향을 미쳤는지를 조사했다. 연구진들은 17~38세 435명과 59~79세 297명 두 그룹에게 자신의 감정 상태와 자신이 얼마나 건강하다고 생각하며 자신에겐 '낮 시간' 이 하루에 몇 시간이나 되는지 물었다.

조사 결과 60세까지는 대부분의 사람들이 새벽형 인간이었고, 약 7%의 청장년층이 새벽형 인간이었지만 그보다 나이가 많아질수록 7%가량만이 저녁형 인간이었다.

한 연구원은 이렇게 말했다.

"우리는 나이가 많은 사람들이 젊은 층들에 비해 더 긍정적인 감정을 가지고 있으며 젊은 사람들 보다 더 새벽형 인간으로 생활하고 있다는 사실을 알아냈다.”

중요한 것은 새벽형 인간들은 저녁형 인간들에 비해 자신이 훨씬 건강하다고 여긴다는 것이다. 이에 대해 연구진들은 “새벽형 인간들이 아침에 일찍 일어남으로써 저녁에 잠을 더 잘 자는 편이라 그렇게 느끼는 것이며, 이는 느낌뿐만 아니라 면역 체계에도 영향을 끼치고 있는 것”이라고 말했다.

저녁형 인간들이 우울해지는 이유에 대해서도 이렇게 말했다.

“저녁형 인간들은 불평을 하면서도 대부분이 아침에 일찍 일어나 출근하고 학교에 간다. 하지만 자신이 더 자고 싶어도 그러지 못한다는 불평에 그들의 한 주가 행복하지 않다고 여기는 것이다.”

따라서 행복해지고 싶으면 새벽 일찍 일어나고 저녁에 일찍 자는 습관을 들여야 한다. 새벽형 인간은 하루를 여유롭고 활기차게 시작하는데서 그치는 것이 아니라 인생 전반을 즐겁고 행복하게 살아갈 수 있게 해준다.

마지막으로 저녁형 인간에서 새벽형 인간으로 전환할 때 ‘굿바이 우울증’이 될 수 있다는 것을 기억하라.

우울증 자가 진단해보기

우울증 진단 테스트인 BDI(Beck's Depression Inventory)를 간략하게 변형한 진단표이다. 최근 3~4주 이내의 상태를 기준으로, 각각의 문항에 대해 0점(거의 그렇지 않거나 아니다), 1점(가끔 그렇다), 2점(자주 그렇다), 3점(항상 그렇다)으로 점수를 체크해 합산하면 된다. 커트라인은 20점. 그 이상이면 당장 일상생활에 지장은 없더라도 건강한 생활을 위해 전문의에게 상담을 받아보는 것이 좋다.

1 나는 슬프고 불행해서 견딜 수가 없다. (0-1-2-3)

2 장래가 절망적이고 나아질 수도 없다고 생각한다. (0-1-2-3)

3 나는 완전히 실패한 인간이다. (0-1-2-3)

4 만사가 불만스럽고 짜증이 난다. (0-1-2-3)

5 나는 항상 죄책감에 빠져 있다. (0-1-2-3)

6 나는 지금 벌 받고 있다. (0-1-2-3)

7 나는 내 자신이 실망스럽고 증오스럽다. (0-1-2-3)

8 잘못된 일은 모두 내 약점과 실수 탓이다. (0-1-2-3)

9 죽고 싶다는 생각을 할 뿐 아니라 기회만 있으면 자살할 것이다. (0-1-2-3)

10 너무 울어서 이제는 울고 싶어도 나올 눈물조차 없다. (0-1-2-3)

11 종종 짜증이 나긴 하지만, 이제는 짜증내기도 지쳤다. (0-1-2-3)

12 다른 사람들에 대해 전혀 흥미가 없다. (0-1-2-3)

13 나는 아무것도 결단을 내릴 수가 없다. (0-1-2-3)

14 내 모습은 전보다 늙고 매력이 없어져 추하다. (0-1-2-3)

15 전과 달리 전혀 아무 일도 할 수가 없다. (0-1-2-3)

16 잠 못 이룰 때가 많고 밤중에 깨서 다시 잠들지 못한다. (0-1-2-3)

17 항상 너무 피로해서 아무 일도 할 수 없다. (0-1-2-3)

18 전혀 입맛이 없다. (0-1-2-3)

19 최근 몸무게가 0kg(0점), 3kg(1점), 5kg(2점), 7kg(3점) 줄었다. (0-1-2-3)

20 건강에 대한 걱정 때문에 전혀 아무 일도 할 수 없다. (0-1-2-3)

21 요즘은 성욕이 전혀 일어나지 않는다. (0-1-2-3)

Story 2
새벽 비로소 성공이 보이기 시작한다

꿈이 있는 자는 결코 쓰러지지 않는다

시_ 김태광

길을 가는 나그네가
길이 멀다고 좌절하는 모습을 본적이 있는가.
그대여,
하는 일이 잘 되지 않는다고 좌절하는가.
믿었던 사람들이 등을 돌린다고 슬퍼하는가.
성공은 결심만 하는 자보다
성공을 향해 끝없는 열정으로 다가가는 자가 얻으리.
진정 꿈을 쫓는 자는
좌절하다가도
슬퍼하다가도
순간 무지개처럼 떠오르는 열정에
다시 길을 나선다.
길의 끝에서 꿈이 그대를 향해 손짓하고 있다
보이는가.

꿈이 있는 자는 결코 쓰러지지 않는다.
넘어져도 다시 일어서게 하는
열망이 마음속에 가득 들어있기 때문이다.
가끔 인생의 길에서 지쳐 쓰러질 때
꿈을 위해, 눈부신 미래를 위해
그 대가를 지불하고 있다고 생각하라.
그대를 고통스럽게 하는 것이 바로
그대에게 걸 맞는 꿈인지 아닌지 시험하는
신의 시험이라고 생각하라.

01

새벽, 비로소 성공이 보이기 시작한다

지금의 나는 누구보다 행복한 인생을 살고 있다. 매일이 즐겁고 활기차다. 아침에 눈을 뜨면 오늘은 또 어느 곳에서 나에게 칼럼과 강연 청탁이 올까, 하는 기대감이 절로 든다. 과거의 나는 몇 가지의 꿈을 품었다.

- 베스트셀러 작가
- 동기부여가
- 대한민국 최고의 책 쓰기 코치
- 작가 프로듀서
- 억대수입의 작가

- 해외 판권 수출

- TV 특강

- 교과서 글 게재

나는 과거에 품었던 꿈들을 모두 이루었다. 35세에 100권(현, 117권)의 책을 펴내어 기네스에 등재되었는가 하면 억대수입의 작가가 되었다. 고달팠던 과거와 지금을 비교해보면 정말 기적 같은 일이다. 그러나 기적은 현실이 되었다.

잠깐 나의 과거에 대해 이야기할까 한다. 가난했던 탓에 중학교 때부터 신문배달, 주유원, 막노동, 전단지 돌리기, 공장 생활을 전전해야 했다. 그리고 스물네 살 때 작가가 되고 싶다는 열망으로 무작정 대구에서 서울로 올라가 신문사와 잡지사에 몸을 담았다.

당시 나는 가난한 사람은 어떤 일을 해도, 어떤 꿈을 꾸어도 성공할 수 없다는 패배의식에 갇혀 있었다. 그러다보니 하루하루가 우울하고 좌절과 절망의 연속이었다. 그러던 중 성공 대가들의 책을 읽으며 긍정적인 사고로 전환하고 작가의 꿈을 꾸기 시작했다.

나는 인생에서 가장 힘들었던 20대 시절, 새벽 시간을 생산적으로 활용했다. 모두들 깊은 잠에 빠져 있는 새벽 5시경에 일어나 세수하고 책을 썼다. 처음에는 새벽에 일어나는 일이 정말 고문처럼 여겨졌지만 계속 하다 보니 익숙해졌다. 매일 글을 써나가자 직장 일을 하면서 맛볼 수 없었던 보람과 성취감을 느낄 수 있었다. 그런 노력이 쌓이자 한 권씩 저서가 쌓였고 다양한 기회들이 찾아왔다.

얼마 전 늦은 밤 곧 출간될 원고 탈고 작업을 하고 있는데 친구로부터 전화가 걸려왔다. 무슨 고민이 있는지 목소리가 어두웠다.

"지금 자는 거 아니지?"

"어, 그래. 아직, 뭐 좀 하고 있었어."

"괜찮다면 지금 이쪽으로 올래? 술 한 잔 하자."

사실 내심으로는 지금 하는 일에 집중하고 싶었다. 그러나 착 가라앉아 있는 그의 목소리를 들으니 도저히 외면할 수 없었다.

그렇게 그와 만나 소주잔을 기울이게 되었다.

소주 두 병을 비우고 취기가 오르자 그가 한숨을 내쉬며 말했다.

"이젠 더 이상 더러워서 못해먹겠다. 위에서 쪼고 밑에서는 치고 올라오니 숨이 턱턱 막혀. 회사 때려치울까봐."

"……."

"내가 여기 말고 들어갈 때 없는 줄 알아!"

그 친구의 말은 내게 충격과도 같았다. 사실 그는 요즘같이 살기 어려운 시국에 한 대기업에 과장으로 있는 만큼 주위 친구들로부터 부러움을 많이 샀기 때문이다. 그런 그의 입에서 "이제 더 이상 더러워서 못해먹겠다."라는 말이 나왔던 것이다.

그동안 '사오정(45세가 정년)'이니 '오륙도(56세까지 직장에 있으면 도둑)'니 '조기 퇴출'이라는 말들은 심심찮게 들었다. 그러나 막상 성실하기로 소문난 친구의 입에서 그런 말을 들으니 나까지 침울해졌다.

그날 술집을 나서기 전에 친구가 했던 말이 아직도 잊히지 않는다.

"정말 부럽다, 네가. 지금에 와서야 깨달았어. 자신이 가장 좋아하는 일을 하며 밥 먹고 자아실현까지 할 수 있다는 것, 이보다 더 행복한 일이 없다는 것을. 그런 면에서 네가 너무나 부럽다는 거다. 할 수만 있다면 나도 너처럼 내가 좋아하는 일을 하며 살고 싶다. 힘든 일이 있어도 내가 원해서 하는 일이니 지금처럼 자괴감에 시달리지는 않을 테니, 나도 너처럼 밥벌이가 아닌 내가 좋아하는 일을 하며 살고 싶다… 지금은 늦었겠지…."

나는 새벽 시간을 활용하기 시작하면서 인생에서 빛이 보이기 시작했다. 비로소 성공이 보이기 시작한 것이다. 그래서 나는 지금 현실에 만족하지 못하는 사람은 새벽형 인간이 되어야 한다고 충고한다. 내가 저녁형 인간에서 새벽형 인간으로 전환함으로써 운명이 바뀌었기 때문이다.

새벽형 인간 생활을 한지 3년 만에 첫 책을 내고, 9년 만에 중국과 대만, 태국 등에 저작권을 수출할 수 있었다. 그리고 10년 만에 초등학교 4학년 1학기 도덕교과서에 글이 수록되었는가 하면, 2011년 경기도교육청에서 추천하는 '청소년에게 영향력 있는 작가'에 선정되었다. 36세의 나이에 110여 권의 책을 펴내 '제1회 대한민국기록문화대상' 개인부문을 수상해 한국기록원(KRI)으로부터 인증 받아 기네스에 등재되었다.

2012년 8월 JTV 'TV특강' 〈행복플러스〉에 출연해 '마흔, 당신의 책을 써라' 라는 주제로 특강을 진행했으며, 9월에는 KBS 〈아침마당〉에 출연해 책쓰기 노하우를 공개했다. KB국민은행 다문화가정 '한글 작품 공모전' 심사위원에 위촉되었으며, 2012년 고려대학교 대학생들의 멘토로 활동하기도 했다. 저서 《마흔, 당신의 책을 써라》를 펴낸 후 '책쓰기 프로젝트'를 벌이고 있는 대구시교육청 우동기 교육감으로부터 감사 편지를 받았다.

현재 네이버 카페 〈한국책쓰기코칭협회〉를 개설하여 〈15주 프로그램〉, 〈52주 프로그램〉을 개발해 책 쓰기 프로젝트를 벌이고 있다. 은행원, 한의사, 의사, 유치원 원장, 교사, 교수, 주부, 대학생 등을 대상으로 책 쓰기를 코칭하고 있으며, 코칭 받은 이들의 책들이 속속 출간되고 있다. 현재 지방행정연수원, 대학교, 기관, 기업 등 다양한 곳에서 성공학 강사, 책 쓰기 코치로 활동하고 있다.

10여 년 전 아무런 존재감이 없었던 나는 새벽 시간 활용함으로써 운명을 바꾸었다고 자신 있게 말한다.

당신은 새로운 인생을 시작하기 위해선 무조건 새벽형 인간이 되어야 한다. 하루를 지배하기 위해선 새벽을 지배할 수 있어야 한다. 그래야 새로운 아침, 새로운 인생을 살 수 있기 때문이다.
이런 말이 있다.

"아침을 지배하는 사람이 하루를 지배하고, 하루를 지배하는 사람이 인생을 지배한다."

이 말을 이렇게 바꿔보자.

"새벽을 지배하는 사람이 하루를 지배하고, 하루를 지배하는 사람이 인생을 지배한다."

새벽 시간을 잘 활용하는 사람에게 미래는 눈부시다. 하지만 쫓기듯 사는 사람에게 미래는 암울하고 불행할 따름이다.
그동안 당신은 무수히 많은 새벽 시간을 잃어버렸다. 그만큼 숱한 기회를 잃어버렸고 지금의 불행을 끌어당겼다. 그러나 당신이 새벽을 온전히 지배한다면 기회보다 더 많은 기회들을 누리게 될 것이다.

당신이 저녁형 인간에서 새벽형 인간으로 생체리듬을 전환할 때 3년 후, 5년 후, 10년 후 미래가 보이기 시작한다. 즉, 그동안 보이지 않던 성공이 보이기 시작한다. 이것이 바로 당신이 새벽형 인간이 되어야 하는 이유이다.

02

신데렐라 수면법에 도전하라

인간에게 있어 수면은 건강 뿐 아니라 생산성과 직결된다. 따라서 필수적인 요소라고 할 수 있다. 따라서 수면시간을 자신의 생체리듬 뿐 아니라 외부환경에 맞게 조절하는 것이 성공하는 비결인 셈이다.

대부분의 직장인들은 새벽에 일어나는 것을 힘들어한다. 일어나는 일 자체가 힘든 만큼 출근길은 고통스럽기만 하다. 이는 마치 소가 도살장에 끌려가는 것과 다를 바 없다. 이런 유쾌하지 않은 마음상태에서 자신의 역량을 제대로 발휘할 수는 없을 것이다.

매일 아침 바람 빠진 고무풍선 같은 당신에게 긴급처방이 필요하다. 그냥 이대로 방치한다면 오래지 않아 당신은 영영 돌이킬 수 없는 상황에 처하게 될 것이다.

사람들의 수면 스타일은 크게 두 가지 유형으로 구분할 수 있다. 새벽형 인간과 저녁형 인간이다. 대부분의 사람은 오후 11시쯤 잠들어 오전 6~7시에 일어나도록 생체시계가 맞춰져 있다. 그러나 새벽형은 오후 9~10시에 잠들어 오전 4~5시, 늦어도 6시에 일어난다. 저녁형은 오전 1~2시 이후에 잠든 후 해가 뜨고서야 눈 뜬다.

그동안 나는 이 책을 쓰기 위해 새벽형 인간과 저녁형 인간 생활패턴을 가진 사람들을 만나보았다. 그들과 인터뷰하면서 이런 의문이 들었다.

'사람들은 저마다 다른 수면 패턴을 가지고 태어나는 걸까?'

답을 찾기 위해 의학 관련서적을 읽다가 사람들의 수면과 관련한 재미있는 사실을 알게 되었다. 몇몇 소수를 제외하고선 대부분의 사람들의 생체시계가 새벽형 인간에 맞추어져 있다는 것이다.

저녁형 인간들 중 대부분은 에디슨이 전기를 발명한 이후인 100년 사이에 만들어진 기형적 산물이라고 할 수 있다. 즉 늦게 자기 때문에 늦게 일어나는 일종의 '수면지연 증후군'인 셈이다. 호롱불이나 촛불을 밝히던 시대에는 해가 지고 어두워지면 잠자리에 들었다. 그리고 아침에 해가 뜨면 하루를 시작했다. 그 당시는 속된 말로 동물과 다를 바 없는 생활을 했던 것이다.

그러나 지금은 어떤가? 밤이 낮보다 더 휘황찬란하다. 밤거리를 밝히고 있는 네온사인 불빛, 가로등, 자동차 헤드라이트…. 자정이 다되어 가는 시각에도 사람들은 부나방처럼 비틀거리며 2차, 3차를 외치고 있다. 다른 한편에서는 그들을 태우기 위해 택시들이 경적을 울리며 경쟁을 벌인다.

밤이 낮보다 더 밝아진 지금은 밤하늘의 별을 볼 수가 없다. 이런 문명의 이기로 별빛을 볼 수 없는 대신 밤을 낮처럼 살 수 있게 되었다. 늦은 밤이든 새벽이든 자신의 뜻대로 시간을 활용할 수 있게 된 것이다. 그 대신 '얼리 버드 증후군' 이라는 뜨거운 감자를 안게 되었다. 그리하여 야행성의 사람들은 얼리 버드 증후군으로 눈이 충혈 되고 팔다리가 뻐근하며 온종일 피로감을 떨치지 못한다.

주위를 둘러보면 얼리 버드 증후군에 시달리는 사람들을 심심찮게 볼 수 있다. 그들은 습관처럼 '피곤하다.', '짜증나.' 하고 내뱉는다. 왜냐하면 얼리 버드 증후군은 정신적으로는 스트레스, 정서 불안, 공격성 증가, 짜증, 신경쇠약, 우울증, 불면증, 환각, 망상 등을 일으키기 때문이다. 장기화 되면 비만, 고혈압, 고지혈증, 당뇨병, 심장병, 결장암 등 생명에 위험을 불러오기도 한다.

무엇보다 야행성의 문제점은 사회생활에 지장을 초래한다는 것이다. 저녁형 인간 생활패턴을 가진 사람들은 아침 기상이 고통스럽다. 식탁에 앉아 한두 술 뜨고는 허겁지겁 회사로 향한다. 회사에 도착해서는 딱딱하게 굳은 두뇌, 안정되지 않은 마음 상태로 인해 대충 일을 처리하게 된다. 그러다 보니 실수를 연발하게 되고 급기야 상사로부터 질책을 당하기도 한다.

수면 부족은 기억력과 감정에도 악영향을 미친다. 간밤에 잠을 설쳤거나 야근을 한 사람과 대화를 해보면 사소한 일에도 쉽게 짜증이나 화를 잘 낸다는 것을 알 수 있다. 저녁형 인간 생활패턴으로 인해 정상적인 신체리듬이 흐트러졌기 때문이다.

인간은 하루 8시간 수면을 취해야 건강한 삶을 유지할 수 있다. 그렇다고 해서 건강을 위해서 반드시 해야 할 일을 거를 수도 없다. 그래도 총성 없는 전쟁터나 다를 바 없는 경쟁이 치열한 사회에 적응하기 위해선 8시간 수면은 사치로 생각될 수밖에 없다. 수면시간을 줄이면서 건강도 유지할 수는 없을까? 물론 있다. '신데렐라 수면법'이 그 답이다.

수면의 질은 곧 숙면이다. 숙면은 잠의 리듬을 알면 쉽게 터득할 수 있다.

첫째는 '신데렐라 수면법'이다.

마법이 풀리는 자정이 되기 전 귀가하는 신데렐라처럼 늦어도 밤 12시간 이전에 잠을 청하라는 것. 생체리듬 상 바로 숙면의 기초가 되는 논 렘 (Non Rem)수면에 들어갈 수 있기 때문이다. 수면을 유도하는 멜라토닌은 오전 2~3시 이후에 급격히 줄어 숙면 효과가 반감된다. 특히 수면 한두 시간 전부터는 실내 조도를 낮춰 멜라토닌의 분비 촉진을 도와줘야 한다.

둘째는 짝수 시간으로 잠을 자야 한다.

일반적으로 하룻밤 수면은 두 시간을 주기로 논 렘수면(입면-얕은 잠-깊은 잠)과 렘수면(꿈을 꾸는 깊은 잠)이 반복된다. 렘수면 상태에선 뇌가 각성돼 있기 때문에 의식이 또렷하고, 외부 자극에도 쉽게 반응한다. 반면 논 렘수면에서 강제로 깨우면 각성까지 시간이 걸리고, 일어나더라도 유쾌하지 못하다. 따라서 아침 기상은 렘수면이 끝날 즈음이 좋다. 한 사이클이 끝나는 시점인 6시간 정도 자면 충분하다는 것이다.

고종관, '아침형 인간, 성공 시계 따르르릉'《중앙일보》 2008년 03월 18일

아침에 일찍 일어나기 위해 저녁 스케줄을 바꾸는 것이다. 회식자리가 길어지고, 컴퓨터 게임에 매달리면서 아침 일찍 일어나는 것은 불가능하다. 따라서 수면의 질을 높이는 전략이 필요하다.

나는 잠들기 전 10분간 이미지 트레이닝을 한다. 당신도 이미지 트레이닝을 해볼 것을 권한다. 이미지 트레이닝이란 쉽게 말해 행복한 상상을 하는 것이다. 그날 있었던 기분 좋았던 일이나 내일 일을 머릿속에서 그려보는 것을 뜻한다.

많은 청중들 앞에서 열정적인 모습의 강연을 하는 것.

새로 쓰기 시작하는 자기 계발서 원고를 즐겁게 쓰는 것.

내가 책 쓰기 코칭 하는 회원들이 좋은 출판사와 만나 출판 계약하는 것.

다양한 곳에서 강연 요청이 들어오는 것.

이처럼 이미지 트레이닝을 하면 훨씬 달콤하게 잠속으로 빠져들 수 있다. 뿐만 아니라 잠들기 전에 떠올렸던 상상이 현실에서 일어나는 기적 같은 경험도 맛볼 수 있다.

새벽형 인간으로 생활패턴을 바꾸기에는 겨울보다 하루의 해가 긴 봄과 여름이 좋다. 하지만 사람에 따라 종전의 야행성에서 새벽형으로 바꾸기가 무척 힘이 들 수도 있다. 그렇다면 종전보다 10분씩 일찍 일어나는 습관을 가져보는 건 어떨까. 그렇게 서서히 일주일마다 10분씩 앞당긴다면 몇 달 후에는 2시간가량 기상 시간을 앞당길 수 있다.

새벽형 인간 생활패턴은 건강한 생체리듬을 유지할 수 있게 해준다. 이는 활기찬 아침으로 이어져 하루를 여유롭게 시작할 수 있다. 여유로운 만큼 자신에게 주어진 업무도 꼼꼼하게 잘 처리하게 된다.

돈 한 푼 들이지 않고 성공적인 인생을 사는 비결, 그것은 수면의 질을 높이면서 시간을 길게 활용할 수 있는 '신데렐라 수면법'

에 있다. 수면법을 바꾸는 것만으로도 누구나 성공을 향한 첫걸음
을 내디딜 수 있다.

03

일을 사랑하는 사람이 일찍 일어난다

사람들을 두 부류로 나눌 수 있다. 새벽형 인간과 저녁형 인간이다. 새벽형 인간은 해 뜨기 전에 창공을 나는 종달새에 비유할 수 있다. 반면 저녁형 인간은 뒤늦게 일상을 시작하는 올빼미과에 속한다.

새벽형 인간과 저녁형 인간은 각기 다른 특성이 있다. 대부분의 새벽형 인간은 자신이 하고 있는 일을 좋아하고 사랑한다. 그래서 잠들기 전 얼른 내일이 되어 좋아하는 일을 시작하는 생각만 해도 가슴이 설렌다. 스르르 달콤한 잠에 빠져든다. 마치 사랑하는 사람을 생각하는 것과 같다.

그러나 저녁형 인간은 자신의 일을 좋아하지 않거나 밥벌이 때문에 마지못해 한다. 생계 때문이거나 전문기술이나 지식이 없다는 등의 이유로 일을 하는 것이다. 그러다보니 하루를 즐기기보다 견디게 된다.

며칠 전 술자리 모임에서였다. 그동안 얼굴 보기 힘들던 한 후배도 눈에 띄었다. 하지만 그는 즐거운 표정을 짓는 사람들과는 달리 어두워보였다.

내가 후배에게 물었다.

"왜 무슨 고민 있어?"
"사는 게 다 그렇겠죠?"
"무슨 일인지 모르겠지만 사는 건 다 비슷비슷해."

후배는 사뭇 진지한 표정으로 입을 열었다.

"직장을 옮길까 해요. 지금 하는 일은 정말 싫고 재미없거든요. 다들 무슨 재미로 직장생활을 하는지 모르겠어요."

나는 후배에게 "일을 좋아해야 일이 즐겁다."라고 말해주고 싶었지만 참았다. 이미 일에 대한 재미를 찾지 못한 후배의 귀에 들릴 리 만무하기 때문이다.

긍정적인 삶의 대가인 미국의 노만 빈센트 필 박사는 말했다.

"어떤 직업, 어떤 자리에 있건 자신의 일을 사랑하지 않는 이상, 결코 성공
할 수 없다."

그렇다. 아무리 연봉이 높고 복리후생이 좋다고 하더라도 일에 애
정이 없는 한 계속할 수 없다. 일에서 어떤 의미나 보람도 느낄 수 없
기 때문이다. 자꾸만 일에 대한 장점보다 단점을 찾게 된다. 이는 마음
에 들지 않는 이성을 만났을 때 상대의 좋지 않은 면만 살피는 것과 같
다. 이런 사람은 분명 아침에 일어나기가 죽기보다 싫고 힘들게만 느
껴질 것이다.

대기업의 CEO들은 하나같이 새벽형 인간이다. 뿐만 아니라 조직
내에서 직급이 높은 사람들 역시 거의가 새벽형 인간 생활을 한다는
것을 알 수 있다. 물론 이런 이유로 나는 당신에게 무작정 생활패턴을
새벽형으로 바꾸어야한다고 말하진 않겠다. 다만 지금 하는 일을 좋
아하라는 말을 하고, 사랑하듯 일을 하라고 말하고 싶다. 일을 좋아하
고 사랑하게 되면 저절로 일에서 의미를 찾을 수 있기 때문이다.

신택현의《성공을 부르는 비지니스 멘토》에 보면 이런 글이 있다.

"일은 자립을 위해서 하는 것이며 행복 하고 싶거든 일을 해야 합니다. 사
랑하는 마음으로 일해야 하며 어려운 일일수록 즐거운 마음으로 일해야
합니다."

사람은 일을 하면서 행복을 느낀다. 일을 통해 자아를 찾고 삶이 주는 즐거움을 느끼게 되는 것이다. 뿐만 아니라 일은 진정한 독립을 가져다준다. 나는 사람들에게 독립하기 위해선 일을 해야 한다고 말한다. 어떤 형태의 독립도 경제적인 자유가 없다면 진정한 독립이라고 할 수 없기 때문이다.

그러나 단지 일을 하는 것만으로는 행복할 수 없고 진정한 독립을 꾀할 수 없다. 일 속에서 의미를 찾고 보람을 느낄 때 '사는 재미' 즉 행복을 느끼게 된다. 또한 일을 대하는 태도도 활기차고 적극적이다. 이는 일에 대한 전문성으로 이어지고 자신의 비전을 성취하는 방향으로 이끌 것이다.

일은 누구나 할 수 있지만 성공은 누구나 할 수 없다. 이 문제를 해결하는 해답으로 중국의 기업가인 왕따칭은 《35세 이전에 성공하는 12가지 황금법칙》을 통해 이렇게 말한다.

"당신이 사랑하는 일을 하라. 그것이 어렵다면 당신이 현재 하고 있는 일을 사랑하라."

왕따칭의 말 속에는 지금 하는 일에서 탁월한 성과를 나타내거나 자기 분야에서 최고가 될 수 있는 비결이 담겨 있다. 대부분의 사람들이 자기 일에서 역량을 발휘하지 못하는 것은 일을 일로 여기는 탓이다. 일을 일로 생각할 때 직장은 벗어나고 싶은 감옥과 다를 바 없다. 이런 곳에서 어떻게 자신의 역량을 최대한 발휘할 수 있을까.

우리가 자신의 일을 사랑해야하는 이유는 다양하다. 그 가운데 세 가지를 꼽는다면 이렇다.

① 지금 하는 일에서 의미를 찾을 수 있다.
② 일을 통해 '사는 재미' 즉 행복을 맛볼 수 있다.
③ 새벽에 일어나는 것이 즐겁다.

새벽에 기상하는 것이 고통스러운가? 자기 일을 좋아하고 사랑할 때 모든 문제점이 해결된다. 더 이상 새벽 시간에 일어나는 것도 고통스럽지 않다. 좋아하고 사랑하는 일을 할 수 있는 하루가 시작되었는데 오히려 즐겁지 않겠는가.

04

새벽은 아이디어 밭이다

21세기는 '특허 전쟁시대'라고 할 수 있다. 누구나 번뜩이는 아이디어 하나로 성공할 수 있게 되었다. 따라서 기업가건 개인이건 '창조적 아이디어'가 없다면 도태되고 말 것이다.

진화론자인 다윈은 그의 저서 《종의 기원》에서 이렇게 표현했다.

"지금까지 지구상에 생존한 것은 강한 자만이 생존한 것이 아니라 변화에 적응한 자만이 살아남았다."

지금 우리는 한 치 하루도 내다볼 수 없는 시대에 살고 있다. 앞으로 시대의 변화는 더욱 가속화 될 것이다. 이런 환경 속에서 생존하기 위해서는 얼마만큼 빨리 그 변화에 능동적으로 적응하느냐가 관건이다.

21세기의 경제법칙은 약자는 도태되고 강자는 더욱 강해지는 시대로, 앞서가는 자는 계속 일등을 유지하고 뒤 따라오는 자는 계속해서 이등에 머물 수밖에 없다. 즉 누가 먼저 변화의 흐름에 맞춰 경쟁우위를 점하는 가에 따라 앞으로의 생존여부가 결정된다.

어떻게 하면 피 튀기는 경쟁에서 우위를 점할 수 있을까? 답은 간단하다. '창조적 아이디어'를 보다 빨리 생산하는 것이다. 남들이 생각하지 못한 아이디어로 먼저 달려간다면 자연스레 그 분야에서 우위를 점할 수 있다.

김 팀장은 우 대리에게 지나가듯 말했다.

"우 대리가 신제품 프로모션 진행해봐. 먼저 제안서부터 제출하고."

"예, 알겠습니다."

김 팀장은 일 잘하기로 소문난 우 대리라면 멋진 제안서를 기대할 수 있을 것 같았다. 하지만 우 대리에게는 부담으로 느껴졌다. 신제품 프로모션인 만큼 참신한 아이디어를 필요로 하기 때문이다.

우 대리는 달력을 쳐다보았다.

우 대리는 먼저 급한 일부터 처리하기로 했다. 신제품 프로모션 제안서는 내일해도 늦지 않을 테니까.

그러나 다음 날이 되어도 획기적인 아이디어가 떠오르지 않았다. 그러자 마음이 조급해졌다.

우 대리가 고민을 거듭하고 있을 때 총무부 민 대리가 다가왔다.

"얘기 들었어. 네가 신제품 프로모션 진행한다며. 축하해."

"축하는 무슨. 아직 프로모션 제안서도 못 썼는데, 생각이 굳었는지 아이디어도 떠오르지 않고 미치겠어."

민 대리는 연신 방긋거리며 말했다.

"아이디어 뽑는 비결 있는데 알려줄까? 나는 그렇게 아이디어를 찾아."

"정말?"

"새벽에 일어나봐. 어떻게 보면 별 것 아닐 수도 있겠지. 하지만 정말 많은 아이디어가 떠오르거든."

"새벽에? 난 새벽잠이 많은데."

민 대리는 이렇게 한 마디 던지고는 자리를 떴다.

"'백문이불여일행', 백번 듣는 것보다 한번 실천해보는 것이 낫다."

우 대리는 밑져야 본전이라는 마음으로 다음 날 새벽 5시에 일어났다. 샤워를 하고나서 냉수를 한 잔 마셨다. 평소보다 두 시간 가량 일찍 일어났는데도 몸은 가뿐했다. 사방은 고요하고 여유로워 기분이 상쾌하기까지 했다.

책상에 앉아 펜과 노트를 꺼내들었다. 굳이 아이디어를 찾을 필요가 없었다. 거짓말처럼 아이디어들이 탁구공처럼 튀어나왔기 때문이다.

우 대리의 얼굴에 활짝 꽃이 피었다.

'이거 정말 되잖아.'

실제 주변에는 우 대리처럼 새벽에 아이디어를 얻는 사람들이 많다. 하루 24시간 중에 새벽은 가장 고요하다. 새벽 시간만큼은 시끄럽게 울려대는 전화 벨소리, 자동차 경적소리, 방문자 등 그 누구에게도 방해받지 않는다. 새벽 시간대의 1시간은 낮 시간 대의 3시간과 맞먹는다. 그만큼 집중력 있게 시간을 쓸 수 있다는 뜻이다.

30여 년 전부터 줄곧 새벽 4시에 일어난다는 제진훈 제일모직 대표가 있다. 그는 주로 새벽에 책을 읽는다.

"새벽공기를 마시면 머리가 맑아져 집중도 잘되고, 많은 아이디어가 떠올라 회사 업무에 도움이 됩니다. 새벽은 자신과 일대일로 만나는 시간이기도 합니다. 동이 터오는 창밖을 바라보며 스스로를 격려하는 시간을 갖기도 하고, 중요한 문제에 대한 해답을 얻기도 합니다."

그동안 그는 하루를 세 배로 살았던 덕분에 지금의 성공을 이룰 수 있었다. 그래서일까, 제 대표는 젊은이들에게 버릇처럼 새벽에 일찍 일어나는 습관을 들이라고 권유한다.

　미국 경제 전문지 「포천」지에 따르면, 성공한 기업인들은 새벽 이른 시간에 하루 일과를 시작하는 것으로 조사되었다. 「포천」지는 워드 슐츠 스타벅스 최고경영자, 행크 폴슨 골드만삭스 CEO, 리처드 포스너 시카고법원 판사 등 미국의 기업인 법조인 정치인 등 사회 저명인사 12명의 일과를 분석했다. 새벽형의 그들은 대화가 필요할 때는 이메일보다 휴대폰이나 직접 만나는 방법을 선호하는 것으로 나타났다.

　스타벅스의 하워드 슐츠는 새벽 5시에 일어나는 전형적인 새벽형 인간이다. 그는 진한 스타벅스 커피와 함께 월스트리트저널 「뉴욕타임즈」 등을 재빠르게 검색한다. 아침마다 전 세계 스타벅스 매장 판매 동향을 체크하는 것도 잊지 않는다.

　세계적 채권 투자펀드사인 '핌코'의 빌 그로스 재무담당 최고경영자는 새벽 4시 30분에 눈을 뜬다. 그는 블룸버그 단말기를 켜는 것으로 하루 일과를 시작한다. 그는 미국 유럽 일본 등의 시장 상황을 체크한 뒤 6시 이전에 출근한다. 요가를 즐기는 그는 물구나무를 선 채로 아이디어를 짜내기도 한다.

　이들에게는 한 가지 공통점이 있다. 사람을 대할 때 보다 적극적인 수단을 선호한다는 것이다. 골드만삭스의 폴슨은 이메일을 싫어한다. 누군가와 상담을 하거나 지시를 내리고 싶을 때 전화를 건다. 전화로 지침을 내리면 이해도 빠르고 처리시간도 아낄 수 있다는 판단 때문이다. 세계적인 디자이너이자 베라 왕 그룹의 CEO인 베라 왕은 휴대폰으로도 부족하다고 말한다. 직원들이 자신을 만나고 싶어 할 때는 언제든지 직접 만날 수 있도록 해야 한다는 지론을 가지고 있다. 그래서 그의 사무실은 늘 열려있다.

인생에는 무한한 성공 씨앗이 감추어져 있다. 성공 씨앗을 찾는 것은 오로지 저마다의 몫이다. 다만 좀 더 쉽게 찾을 수 있도록 힌트를 얻을 수는 있다. 그 힌트는 '새벽형 인간'으로 생체시계를 맞추는 것이다.

새벽에 일어나면 업무의 성과를 극대화할 수 있다. 새벽은 비즈니스 아이디어가 가장 많이 떠오르는 시간이기 때문이다. 무엇보다 새벽형 인간으로 생활하면 진취적이고 긍정적인 사고로 스스로 자기 생활을 컨트롤 할 수 있다.

더 이상 새벽을 헛되이 보내지 마라. 고요한 새벽 시간은 더 나은 인생을 살 수 있도록 해주는 아이디어 밭이라는 것을 기억하라.

05

새벽 1시간은 낮의 3시간이다

리처드 코치의 80/20 법칙이 있다. 노력, 투입량, 원인 중의 작은 부분이 대부분의 성과, 산출량, 결과를 이루어낸다는 법칙이다. 80/20 법칙은 그 불균형의 관계를 나타내는 기준 수치를 뜻한다.

쉽게 말하면 투입량 중 20%가 산출량의 80%를 만들어내고, 원인 가운데 20%가 결과의 80%를 생산하며 전체 노력의 20%에서 전체성과의 80%가 만들어진다는 것이다.

인생의 전반에서 80/20 법칙에 구애받지 않는 것은 없다. 우리는 굳이 80/20 법칙을 예로 들지 않고도 20%의 결과에 의해 인생의 성공이 결정된다는 것을 알고 있다. 그렇다면 하루 중에 가장 생산성이 높은 20%의 시간대는 언제일까? 바로 새벽시간이다. 새벽 1시간은 낮의

3시간이라는 말이 있다. 그만큼 몰입이 잘되기 때문에 능률은 배가 된다. 이는 성공한 사람들 중 대부분이 새벽형 인간이라는 것만 봐도 알 수 있다.

자기 계발서 단골메뉴로 등장하는 것이 '자투리 시간을 활용하라'는 말이다. 자투리 시간을 잘 활용하게 되면 하루 중의 몇 시간을 덤으로 살 수 있다. 하루의 몇 시간이 한 달, 일 년 단위로 생각했을 때 결코 적은 시간이 아니다.

누군가를 기다리거나 지하철로 이동할 때, 은행이나 병원에서 대기할 때 등 언제든 우리에게 일어날 수 있는 일이다. 이 자투리 시간들은 아무도 관리해 주지 않는다. 오직 스스로 철저히 활용할 때 다양한 업무를 처리할 수 있다.

변호사이자 작가인 스콧 트로는 전철로 출퇴근하면서 몇 권의 베스트셀러 소설을 썼다. 소설가 마리오 푸조는 잡지사에서 일하면서 틈틈이 시간을 내 그 유명한 영화《대부》의 원작소설을 출간했다.

그러나 자투리 시간을 활용하기란 말처럼 쉽지 않다. 자투리 시간을 제대로 활용하기 위해선 스스로를 컨트롤할 수 있어야 한다. 대단한 각오와 신념을 필요로 한다. 뿐만 아니라 5분, 10분 짬을 내어 책을 읽거나 무언가를 하는 것은 대단히 신경 쓰이는 일이다. 이런 불편함 때문에 대부분의 사람들은 자투리 시간을 물 쓰듯 하는 것이다.

그렇다면 자투리 시간 활용이 힘든 사람들을 위한 시간 활용법은 없을까? 당연히 있다. 그것은 기상 후 출근시간 전을 적극적으로 활용하는 것이다. 즉 새벽 시간에 생산적인 일을 하는 것이다. 평소보다 한두 시간 일찍 일어나게 되면 세상에서 가장 고요한 시간을 가질 수 있다. 무엇보다 이 시간에는 온전히 자기만을 위한 시간으로 쓸 수 있다.

새벽 시간은 창조적인 활동이 가장 극적으로 이루어는 시간대이다. 하루를 기준으로 생각하면 아침 9시 이전이 가장 창조적인 시간대라고 볼 수 있다. 이 시간대는 수면 휴식이 끝난 후이므로 뇌 활동이 가장 왕성하기 때문이다. 더군다나 업무나 다른 일로 방해받지 않는 시간이므로 가장 집중력이 높아진다. 따라서 새벽 시간을 잘 활용하게 되면 하루를 성공적으로 시작할 수 있다. 그래서 새벽 시간을 활용해 성공이라는 정상에 오른 사람들은 새벽을 황금 시간이라고 말한다.

변화경영전문가인 경영연구소 구본형 소장. 구 소장 역시 평범한 샐러리맨 시절을 겪었다. 구 소장에게 가장 큰 고민은 바로 앞으로의 '10년의 모습' 이었다.

'3년 후에 나는 이곳에서 어떤 모습일까?'

이 질문에 그는 자신 있게 답할 수 없었다. 결국 그는 회사를 떠나야겠다는 결심을 하게 되었다. 그는 그동안 마음에 두고 있었던 변화경영전문가로 전향하는 계획을 실행에 옮기기로 했다.

최소 1년에 1권씩 책을 쓸 수 있어야 집필과 강연만으로 생계를 유지할 수 있다는 확신이 들었다. 그는 새벽 시간을 인생에서 가장 효율적인 시간으로 활용했다. 2년이라는 기간 동안 매일 새벽4시에 일어나 집필한 덕분에 첫 책《익숙한 것과의 결별》을 출간할 수 있었다. 그리고 이 책은 출간되자마자 베스트셀러가 되었다. 퇴직하기 3년 전에 만들어낸 결과물이었다.

이후 2년간 각각 1권씩의 책을 펴냄으로서 자기검증과정을 마칠 수 있었다. 그는 책 출간 이후 밀려오는 강연요청과 책에 대한 반응을 확인 한 후에야 제2의 인생에 강한 자신감이 생겼다.

변화경영전문가라는 직업은 한 달에 한번 고정 월급을 받는 샐러리맨과 다르다. 치열하게 노력하지 않으면 자칫 생계의 위험에 봉착하게 된다. 하지만 그는 새벽 시간을 활용한 철저한 계획과 노력으로 1인 기업가로 우뚝 설 수 있었다.

나는 강연을 통해 구본형 소장과 같은 새벽 시간을 활용해 성공의 초석을 다진 사람들의 이야기를 즐겨 한다. 내 이야기를 통해 동기부여를 받는 사람이 있는가 하면, 몇몇 사람들은 회의적인 반응을 보인다. 자신은 그들과 다른 평범한 사람들이라는 이유에서다.

지금은 누구나 부러워하는 성공하는 인생을 사는 사람일지라도 처음에는 지극히 힘들고 평범했다. 그들이 성공적인 삶을 누릴 수 있게 된 것은 '시간'을 생산적으로 활용했기 때문이다.

당신도 충분히 할 수 있다. "그들도 했는데 나라고 왜 못하겠어." 이런 긍정적인 마음으로 실행하라. 굳이 1인 기업가로 나서지 않아도 좋다. 지금 당신에게는 당신만의 꿈과 목표가 있지 않은가.

새벽 시간을 활용해 성공적인 삶을 일궈낸 한 사람을 더 소개한다면 대우중공업정밀기공 분야 명장 김규환씨를 들 수 있다. 그는 초등학교 문턱을 넘어본 적이 없다. 그러나 그는 5개 언어를 구사하고, 우리나라 기술자 가운데 1급 자격증을 가장 많이 가지고 있다. 무학력자인 그에게 어떻게 이런 일이 가능했을까.

그는 자신의 성공비결을 이렇게 말했다.

"25년간 새벽에 일어나 남보다 더 공부하고 노력한 덕분입니다."

지금도 그는 새벽 3~4시에 기상한다. 그러나 그 시간에 하는 일은 바뀌었다. 과거에는 회사에 나가 청소를 했지만 요즘은 집에서 책을 읽는다.

유성은 목사의 저서 《시간 관리와 자아실현》이 있다. 그는 이 책을 통해 하루아침에 습관을 바꿀 수 없으므로 3주 동안 지금보다 30분 먼저 일어나고, 3주 뒤에 또 30분 먼저 일어나는 식으로 기상 시간을 앞당기라고 충고한다.

영국의 소설가이자 사상가인 아놀드 베네트는 자신의 저서 《아침의 차 한 잔이 인생을 결정한다》에서 새벽에 일어나면 창밖부터 내다보라고 말한다. 자신보다 더 일찍 일어나 신문과 우유를 돌리는 사람이나 운동을 하는 사람을 보면 자극을 받아 정신이 명료해진다는 것이다.

새벽은 직장인에게 주어진 황금시간이다. 더 이상 황금시간을 헛되이 흘려보내선 안 된다. 당신이 새벽 단잠에 빠져 있을 때 누군가는 새벽 시간을 활용해 성공의 주춧돌을 놓고 있다. 시간이 흐를수록 그와 당신의 갭은 좁힐 수 없을 만큼 벌어지게 될 것이다.

더 이상 입으로만 "더 나은 삶을 살고 싶다.", "성공하고 싶다."라고 외치지 마라. 새벽에 일어나 창밖을 바라보며 맑은 공기로 정신을 깨워라. 평소보다 30분 먼저 집을 나서보라. 거리 풍경도, 회사도, 동료도 분명 달라 보일 것이다.

새벽에 일어나는 것은 성공 씨앗을 심는 일이다. 또한 자신에 대한 투자이며, 틀에 박힌 것을 바꾸는 일이다.

06

지하철을 이동하는 서재로 활용하라

우리나라는 땅은 좁은데 비해 인구밀도는 높다. 그러다보니 직장인이면 누구나 출퇴근 시간대에 교통대란을 겪는다. 교통지옥이 따로 없다. 평소 성격이 온순한 사람일지라도 막무가내로 앞뒤로 밀치는 사람들의 발에 밟히다보면 자신도 모르게 신경이 날카로워진다. 이쯤 되면 누구나 땅이 넓고 인구밀도가 낮은 외국으로 이민 가고 싶은 마음이 들게 마련이다.

지금은 전문적으로 글을 쓰고 강연도 하지만 나 역시 예전에 직장생활을 했다. 신문사와 잡지사에서 기자생활을 했는데 당시 자기관리 부재로 직장을 빈번하게 그만두곤 했다. 그러다 평소 절친하게 지내던 선배의 추천으로 시사를 다루는 주간지 잡지사에 입사할 수 있었다. 잡지사가 강남역 근처에 있었던 터라 콩나물시루 같은 지하철 안에서 살아남기 위해 발버둥을 쳐야했다.

그러다 어느 날 이런 의문이 들었다.

'지옥 같은 출근시간을 피할 순 없을까?'

고민 끝에 답을 찾았다. 평소보다 한 시간 일찍 일어나는 것이었다. 새벽잠이 많았던 나에게 한 시간 일찍 일어나는 일은 결코 만만하지 않았다. 하지만 한 시간 일찍 집을 나서자 믿을 수 없는 일이 일어났다. 사람들로 빽빽하게 차 있던 지하철 안이 아니었다. 앉을 자리도 넉넉했다. 뿐만 아니라 저마다 사람들의 얼굴에는 여유가 묻어났다. 그렇게 나는 강남역까지 앉아서 편안하게 갈 수 있었다.

그렇게 며칠을 하다 보니 일찍 기상하는 재미에 푹 빠지게 되었다. 그동안 나는 지하철 속에서 사람들에게 시달린 나머지 사무실에 도착하고 나면 벌써 에너지가 거의 소진되어 있었다. 그런데 한 시간 일찍 일어나는 것만으로도 기분 좋게 하루를 시작할 수 있었다. 그 당시 나로서는 얼마나 획기적인 발상이었는지 모른다.

지하철에는 책을 읽는 사람들이 많았다. 그들을 보며 책을 읽어야겠다는 생각이 들었다. 사실 그동안 책을 읽고 싶었지만 시간이 없다는 핑계만 대고 있었다.

지하철에서 한 시간 가까이 책을 읽었다. 그러자 일주일에 두 권 가량 읽을 수 있었다. 한 달로 치면 여덟 권에 달했다. 당시 감명 있게 읽은 책들 가운데 하나가 나폴레온 힐의 《성공학 노트》이다. 지하철에서 책을 읽기 시작한 이후로 나는 조금씩 달라지기 시작했다. 마지못해 지하철에 몸을 실었던 지난날들과는 달리 행복하다는 생각이 들었다.

다양한 성공자들의 성공 스토리를 읽었고 강한 자극을 받기 시작했다. 그러자 '이래선 안 되겠다'는 생각이 들었다. 지금보다 더 치열하게 살아야겠다는 결심을 하게 되었다. 지금 가만히 돌이켜보면 지하철을 서재로 활용하고서부터 내 인생이 조금씩 성공을 향해 움직였던 것 같다.

현재 나는 강연을 통해 직장인들에게 대중교통을 '움직이는 서재로 활용하라'고 충고한다. 새벽 시간과 마찬가지로 출근시간 역시 가장 몰입이 잘되는 시간대이다. 이런 황금 시간대에 무가지 신문의 연예기사를 보거나 조는 사람들이 있다. 이런 사람은 남은 인생을 아무렇게나 방치하는 것과 같다.

인생은 자신이 챙기고 책임져야 한다. 주도적인 인생을 살아야 한다는 말이다. 주도적인 인생을 사는 사람은 버스나 지하철과 같은 대중교통을 이용할 때 일정을 점검하거나 책을 읽는다. 그들은 자기 업무에 도움이 되는 책이나 성공한 사람들의 성공스토리를 읽는다. 더 열심히 살도록 자기 자신을 자극하고 채찍질하는 것이다.

‘시간이 없어서’, ‘할일이 많아서’ 등의 이유로 책 읽을 시간이 없다는 사람들이 있다. 그들은 시간이 남아돌아도 책을 펼치지 않을 것이다. 그들이 책을 읽지 않는 것은 시간 부족 탓이 아닌 습관이기 때문이다.

알렉산드리아 피네는 "가장 바쁜 사람이 가장 많은 시간을 갖는다. 부지런히 노력하는 사람이 결국 많은 대가를 얻는다."라고 말했다. 인생은 절대 게으른 사람에게 성공을 선물하지 않는다. 하루를 세 배로 사는 부지런한 사람에게 기회의 문을 연다.

세네카는 게으른 사람들에게 의미심장한 말을 남겼다.

"인간은 항상 시간이 모자란다고 불평을 하면서 마치 시간이 무한정 있는 것처럼 행동한다."

아직도 당신은 항상 시간이 부족해 책 읽을 시간이 없다고 푸념하는가? 푸념하는 시간에 한 시간 일찍 집을 나서기로 결단하라. 지하철을 움직이는 서재로 활용해보라. 세상을 바라보는 시각이 달라질 뿐만 아니라 행복한 마음으로 아침을 시작할 수 있다.

07

제일 먼저 사무실 문을 열고
불을 켜는 상쾌함과 여유

어느 직장이든지 두 부류의 사람들이 있다.

먼저 출근하는 사람과 지각하기 직전에 출근하는 사람이다. 전자는 출근해 사무실 문을 열고 불을 켜는 상쾌함과 여유를 안다. 아무도 없는 사무실에서 하루 일정을 계획하고 정리하는 등의 시간을 가질 수 있다. 그러니 얼굴에는 자연스레 여유가 묻어난다.

후자는 어떤가? 늦게 일어났으니 아침부터 부산하게 마련이다. 회사로 오는 동안 지각하지는 않을까 노심초사했을 것은 말할 것도 없다. 엘리베이터 안에서 발을 동동 구르는 동안 그의 이마에선 땀이 송글송글 맺힌다. 그가 사무실로 들어설 때 당당하게 동료들에게 인사를 건넬 수 있을까? 결코 그렇지 않을 것이다. 상사에게 들키지 않기 위해 고개를 푹 숙인 채 자리로 갈 것이다.

출근할 때 동료들의 인사하는 모습을 가만히 살펴보라. 인사하는 모습만 살펴봐도 그가 '제대로 된' 직원인지, 아닌지 판단할 수 있다. 비교적 일찍 출근하는 동료들은 활기찬 목소리로 아침 인사를 건넨다. 그러나 그렇지 않은 동료들은 마치 잘못을 저지른 듯한 표정을 하고 있다.

당신은 어떤 모습에 가까운가? 회사나 조직에서 인정받기 위해서는 출근하는 모습부터 바꿀 필요가 있다. 출근하는 모습을 바꾸기 위해선 기상시각을 앞당겨야 한다. 그러면 자연히 여유가 생기기 때문에 즐거운 마음으로 출근할 수 있을 것이다.

회사나 조직에 보면 열심히 일하면서도 성실성을 인정받지 못하는 사람이 있다. 내가 오래전에 근무했던 직장의 김 대리가 그런 유형에 속했다. 그는 어렵게 입사한 만큼 회사에 최선을 다했다. 야근을 밥 먹듯이 하는 탓에 친구들과의 관계도 소원해진 상태였다. 그러나 이런 그의 애사심에도 불구하고 상사를 비롯한 동료들은 그의 성실성을 알아주지 않았다.

어느 날 그가 나에게 이런 푸념을 했다.

"정말 회사밖에 모르고 살았는데, 왜 다들 이런 나를 몰라줄까요?"

겉으로 봐서는 그에게 어떤 문제점도 없는 듯 했다. 혹시나 해서 그에게 출근시간에 대해 물어보았다. 그는 이렇게 대답했다.

"사실 제가 새벽잠이 많아서요. 그래서 가끔 지각도 하긴 해요."

나는 그가 왜 회사에서 성실성을 인정받지 못하는지 알 수 있었다. 바로 가끔 하는 '지각 출근' 때문이었다. 사실 대부분의 사람들은 상대방의 장점보다 단점을 먼저 보게 되고 기억하게 된다. 장점이 많다고 해도 치명적인 단점이 있다면 그 장점들은 묻히고 만다. 김 대리가 그런 유형이었다. 나는 그에게 이미지 쇄신을 해보라고 조언했다.

"내일부터 제일 먼저 출근해 사무실 문을 열고 불을 켜보세요. 그러면 머지않아 달라진 모습을 동료들이 알아줄 겁니다."

그리고 몇 주 후 그에게서 연락이 왔다. 처음에는 일찍 출근하는 일이 정말 힘들었다면서 하지만 지금은 일찍 기상하는 만큼 아침이 여유롭다는 것이었다. 무엇보다 가장 먼저 출근해 사무실문을 열고 불을 켤 때 느끼는 상쾌함은 말로다 표현할 수 없다고 했다. 뿐만 아니라 이제는 상사를 비롯한 동료들이 자신을 가장 먼저 출근하는 동료로 생각한다는 것이었다. 자신을 대하는 태도가 예전과 사뭇 다르다는 것이다.

'가장 먼저 출근해 사무실문을 열고 불을 켜라. 거기서 오는 상쾌함과 여유를 느껴라.'

모든 사람들이 그렇겠지만 새벽형 인간이 되기 위해선 나름의 의미가 필요하다. 나는 그 의미를 가장 먼저 출근해 사무실문을 열고 불을 켜는데서 오는 상쾌함과 여유로 들고 싶다. 마음이 여유로운 만큼 하루가 고무줄처럼 길다는 것을 알 수 있다. 그만큼 처리해야할 시간이 확보되었기 때문이다.

어떤 조직에서건 일을 잘하는 사람들이 있다. 일을 잘한다는 말은 그만큼 시간을 효율적으로 안배해서 보다 많은 일을 해내는 것을 뜻한다. 그들을 가만히 살펴보면 남다른 데가 있다는 것을 알 수 있다. 몇 가지 사소한 장점으로 업무를 멋지게 처리하는 것이다.

내가 직장에 다녔을 때 사용했던 스킬을 하나 소개할까 한다. 너무도 쉽고 간단해서 '뭐야? 별것 아니잖아!' 하고 도끼눈을 할 수도 있다. 하지만 보기보다는 효과에 있어서는 확실하다고 말해두고 싶다.

자, 이렇게 해보라.

출근하자마자 그 날 해야 할 일의 목록을 작성하자. 그리고 그 일의 시작 시간과 마무리 시간을 정해야 한다. 아무리 여유가 있더라도 일의 시작 시간과 마무리 시간을 정해두지 않으면 하루 종일 시간을 질질 끌게 되기 때문이다.

그 다음으로 해야 할 일의 목록을 포스트잇에 적은 뒤 모니터 등 눈에 잘 띄는 곳에 붙여두자. 일이 하나씩 완결될 때마다 포스트잇을 떼 버리면 된다. 이렇게 하면 현재 진행되고 있는 일의 양을 알 수 있고 시간을 체크할 수 있다.

어떤 일이든 방식을 바꾸면 훨씬 효율적으로 처리할 수 있다. 마찬가지로 어떤 방식으로 인생을 사느냐에 따라 미래가 달라진다. 미래를 위해 시간을 투자하는 사람과 시간을 물 쓰듯 하며 미래를 망치는 사람의 차이는 시간활용에 있다.

성공한 리더들에게 배울 수 있는 가장 큰 장점은 다름 아닌 빈틈없는 시간 관리이다. 디즈니 회장 로버트 아이거는 새벽 4시 45분에 일어나서 6시까지 운동하고, 7시 첫 미팅이 열릴 때까지 독서를 한다. '업무 시간 관리 분야'의 세계적인 권위자로 알려진 스테파니 윈스턴 여사는 "최고의 자리에 오른 리더들은 신속한 의사결정과 집중력, 시간 관리 능력을 갖추고 있다."라고 말했다.

모든 사람은 회사나 조직에서 성공하고 싶어 한다. 하지만 그러기 위해선 가장 먼저 해야 할 일이 있다. 바로 상사와 동료들에게 인정받는 것이다. 동료들에게 인정받지 않고서 성공한다는 것은 손에 물을 묻히지 않고 세수하는 것과 같다.

나는 당신에게 가장 먼저 출근해 사무실의 문을 열고 불을 켜는 동료가 되라고 조언하고 싶다. 물론 그렇게 하기 위해서는 새벽형 인간이 되어야한다. 당신이 기상 시각을 앞당겼을 때 누리게 되는 기쁨은 한두 가지가 아니다. 그동안 느꼈던 '고통스런 아침', '지옥 같은 아침'이라는 인식 대신 '상쾌한 아침', '여유로운 아침'이라는 생각이

들 것이다. 뿐만 아니라 당신은 동료들에게 성실한 직원으로 비춰질 것이다.

자, 이제 선택은 당신에게 달렸다. 가장 일찍 출근해 상쾌하게 하루를 시작하는 직원과 지각 직전에 고개를 푹 숙인 채 출근하는 직원. 어떤 직원이 되고 싶은가?

08

가장 중요한 일부터 하라

사람들은 매일 24시간을 쓰고 있다. 어떤 날, 어떤 순간에는 의미 있게 보내고 또 다른 날, 다른 순간에는 헛되이 보낼 것이다. 그런데 대부분의 사람들은 자신이 쓰고 있는 24시간이 자신이 꿈꾸는 성공의 기초라는 것을 알고 인식하지 못한다. 때문에 성공 피라미드의 기초를 탄탄하게 다지기보다 '사상누각(砂上樓閣)'으로 살고 있다.

성공의 기초는 바로 '하루'라고 할 수 있다. 하루를 초로 환산하면 86,400초가 된다. 시간은 누구에게나 공평하게 주워지는 자산이다. 그러나 사람들은 이를 다 활용하지 못한 채 의도하건 의도하지 않건 간에 쓸모없게 보내고 만다. 분명한 것은 하루라는 자산은 보관이 안 된다는 사실이다.

이런 말이 있다.

"과거는 부도난 수표요, 미래는 약속어음이요, 현재가 바로 현찰이다."

'시간=돈'이다. 현재 즉 지금(NOW)의 철자를 거꾸로 뒤집어보라. NOW를 거꾸로 놓으면 WON이 되는데 바로 원(돈)이 되는 것을 알 수 있다.

인생은 시간으로 이루어져 있다. 따라서 시간을 잘 활용하는 사람만이 성공할 수 있다. 사람들이 저녁형 인간에서 새벽형 인간으로 전환하는 것도 쉽게 말하면 좀 더 시간을 가치 있게 쓰기 위해서이다. 시간을 잘 안배해서 성공하기 위해서라는 말이다. 사실 남들보다 몇 시간 일찍 일어나는 것만으로도 하루를 30시간 이상 활용할 수 있다.

그러나 새벽형 인간으로 전향하더라도 일하는 방식이 옳지 않다면 뛰어난 성과를 기대하긴 어렵다. 산더미처럼 쌓여 있는 업무들 가운데 중요한 일이 있고 덜 중요한 일이 있기 때문이다. 만일 중요한 일보다 덜 중요한 일에 시간을 쏟는다면 무가치한 하루를 살게 되는 꼴이다.

찰스 슈와브는 38살 때 '강철왕' 앤드류 카네기에 의해 채용되어 미국 최고의 철강회사인 '유나이트 스틸사'의 사장이 되었다. 그 후 그는 유나이트 스틸사에서 나와 적자에 허덕이던 '베들레헴 강철 회사'를 인수하여 5년 만에 크게 성공시켰다.

그는 회사의 효율성을 더욱 높이기 위해 컨설턴트로 경영능률 전문가인 아이비 리를 고용했다.

아이비 리는 그에게 한 가지 제안을 했다.

"당신 회사의 능률을 50% 이상 개선할 방법이 있습니다."

아이비 리는 자신의 제안에 대해 설명했다.

"여기에 종이 한 장이 있습니다. 날마다 해야 할 일을 여기에 여섯 개씩 메모하세요. 그런 다음 중요도에 따라 번호를 매깁니다. 종이를 주머니 안에 넣으십시오. 내일 처음 해야 할 일은 1번입니다. 다음에는 2번입니다. 하루에 한가지 밖에 하지 못했다고 안타까워할 필요는 없습니다. 가장 중요한 일을 한 것이니까요."

아이비 리는 잠시 쉬었다. 그리고 이렇게 말했다.

"중요한 것은 꾸준히 하는 것입니다. 이 방법을 사원들에게도 알려 주십시오."

그는 마지막으로 이렇게 덧붙였다.

"저의 제안이 효과가 있다고 생각되면 그때 타당한 비용을 지불하십시오."

슈와브는 아이비 리가 제시한 아이디어를 업무에 적용해보았다. 그리고 몇 주일 뒤 그는 컨설턴트인 아이비 리에게 감사의 편지와 함께

2만5천 달러의 수표를 보냈다. 지금의 환율로 계산해보면 백만 달러에 가까운 거금에 달한다.

아이비 리의 제안은 어떻게 보면 너무도 쉽고 간단하다. 그래서 어쩌면 백만 달러로서의 가치는 없다고 생각할지도 모른다. 하지만 시간은 무엇과도 바꿀 수 없는 성공의 자산이라는 것을 감안한다면 찰스 슈와브의 결정에 어떤 이견도 가질 수 없을 것이다.

그동안 찰스 슈와브는 중요한 일보다 덜 중요한 일에 시간을 허비했다. 그러다보니 자연히 열심히 일은 했지만 성과는 저조했던 것이다. 이런 그릇된 업무 방식이 한 사람만이 아닌 전체 직원들이 취하고 있다면 그 기업의 손해는 이만저만이 아닐 것이다. 결국 이런 잘못된 일처리 방식으로 인해 회사는 엄청난 손실을 입게 된다.

한근태 칼럼니스트는 효과적인 일하기 방법으로 네 가지를 꼽는다.

첫째, 정리 · 정돈
주변을 깨끗이 치우면 일의 효율이 높아진다. 우리는 많은 시간을 무엇인가를 찾는데 사용한다. 일을 효과적으로 하는 사람의 책상은 늘 깨끗하다. 무엇이든 찾기 쉽다. 쓸데없는 데 시간을 허비하지 않는다.
"나는 직원의 책상을 보면서 그를 평가한다네. 직원들이 퇴근한 후 사무실을 한 바퀴 돌아보면 대충 저 친구가 어떤 사람인지, 어떻게 일을 하는

지, 정리가 되어 있는 사람인지 아닌지를 알 수 있네. 책상 위가 너저분한 친구 중에 일을 잘하는 친구를 본 적은 별로 없네."

대기업 고위 임원인 한 친구가 내게 한 말이다.

정리와 정돈의 차이를 알고 있는가? 흔하게 쓰는 말이지만 정확하게 답변하는 사람은 별로 없다. 하지만 엄연히 다르다. 정리는 버리는 것이다. 쓸데없는 자료, 책, 옷, 가구, 컴퓨터 안의 불필요한 정보 등을 버리는 것. 정돈은 이후에 이를 찾기 쉽고 알아보기 쉽게 배열하는 것이다. 제 자리에 갖다 놓는 것도 정돈에 해당된다. 프로세스 상으로 정리가 앞이고 정돈이 뒤다. 정리되지 않으면 정돈은 의미 없다. '책상을 지배하라. 그렇지 않으면 책상이 당신을 지배한다.'

둘째, 시간 관리

시간을 사용하는 방식을 보면 어떤 사람인지 알 수 있다. 수첩이 빈칸 없이 빽빽한 사람이 있다. 조찬과 저녁 모임도 겹치기로 출연한다. 그런 사람은 대개 드러내기를 좋아한다. 많은 모임에 얼굴을 내밀어 존재를 확인받고 싶어 한다. 정치성이 강한 사람들이다. 그런 사람들은 가정과 건강에 문제가 생기기 쉽다. 정말 중요한 것은 챙기지 못하기 때문이다.

시간 관리의 핵심은 가치관에 따라 우선순위를 정하고 이에 따라 계획을 세우고 행동하는 것이다. 내게 정말 중요한 것은 무엇인지, 지금 죽어도 여한이 없는지를 늘 생각하고 스케줄을 잡는 것이 참다운 시간 관리다. 소중한 것을 먼저 하는 것이 핵심이다.

"정말로 중요한 일은 대개 급한 일이 아니다. 또 급한 일은 대부분 정말로 중요한 일이 아니다" 아이젠하워의 말이다.

셋째, 나름의 리프레쉬 방법

사람은 한 시간 이상 같은 주제에 집중하지 못한다. 그러면 효과성도 떨어진다. 비슷한 성향의 일을 반복하는 것도 효과적이지 못하다. 오랜 시간 책을 보고 제안서를 쓰거나 이 회의, 저 회의 끌려 다니거나 TV를 보는 것보다는 변화를 주는 것이 효과적이다.

육체적인 일과 정신적인 일을 섞어보자. 사무직에 종사하는 사람은 주기적으로 몸을 사용하는 것이 좋다. 직접 책상을 치우고 청소하는 것은 좋은 리프레쉬 방법이다. 오전에는 앉아서 하는 일을 하고 오후에는 밖으로 나가 고객을 만나는 것도 괜찮다. 필자의 경우 오후 서너 시 쯤 반드시 사우나를 20분 정도 한다. 기분이 새로워진다. 하루를 두 번 사는 느낌이다.

넷째, 효과적인 커뮤니케이션

필요에 따라 커뮤니케이션 방법을 달리하는 것도 중요하다. "글 잘 받았다, 오늘 저녁 약속 잊지 않았느냐, 내일 강의 확인 부탁한다." 등 간단한 확인은 문자 메시지가 효과적이다. 거절, 약속 변경, 사과의 얘기는 직접 통화하는 것이 예의다. 모르는 사람에게 만나자는 이야기를 할 때에는 이

메일로 먼저 용건을 이야기하는 것이 효과적이다. 그래야 상대도 왜 만나자는 것인지 알 수 있기 때문이다. 그런 연후에 필요하면 전화를 하고 그래도 부족하면 만나는 방법이 좋다.

필자는 몰아서 전화를 하는 경향이 있는데 주로 차가 막힐 때 한다. 어차피 차 안에서의 시간은 부서지기 때문에 전화할 상대를 미리 생각해 뒀다가 전화를 하면 여러 면에서 효용성이 높다.

울산과학기술대 석좌교수 이면우 교수는 저서 《생존의 W이론》에서 '황포돛대이론'에 대해 이렇게 설명한다.

"어디로 가는 배일지 모를 때는 절대로 노를 젓지 말아야 한다. 어디로 가는지 모를 때는 아무것도 하지 말고, 만사를 제쳐 두고, 어디로 갈까만 생각해야한다. 배가 어느 항구로 가는지 모르니 항로를 정할 수 있겠는가? 우선 열심히 하다 보면 좋은 일이 있겠지 라는 무책임한 사고는 항구로부터 더 멀리 떨어지게 된다. 인생의 배가 어디로 가야 할 지 아는 것만으로도 절반의 성공을 거둔 셈이다."

이 이야기는 먼저 갈 곳, 즉 목표를 정한 뒤 행동하라는 것이다. 시간의 사용법도 마찬가지이다. 먼저 일의 우선순위를 정해야 한다. 우선순위를 정하게 되면 급한 일, 중요한 일과 덜 급한 일, 덜 중요한 일… 이런 식으로 분류할 수 있다. 급하고 중요한 일부터 처리한다면 훨씬 시간을 효율적으로 사용할 수 있게 된다.

누군가 당신에게 다이아몬드와 숯, 두 가지 중에서 한 가지를 고르라고 한다면 무엇을 선택하고 싶은가? 분명 아름답고 가치 있는 다이아몬드일 것이다. 그런데 숯과 다이아몬드의 재료가 모두 탄소라는 것을 아는가? 그렇듯이 현재 자신의 분야에서 성공을 이룬 사람들과 당신의 성공 재료도 똑같다.

지금 당신에게 '시간'이라는 성공 재료가 있다. 누구에게나 공평하게 주어지는 이 재료를 어떻게 요리하느냐에 성공이 달려 있다.

09

성실하게보다 효율적으로 일하라

새벽형 인간은 저녁형 인간에 비해 일찍 하루를 시작한다. 시간에 쫓기는 것이 아니라 시간을 리드한다. 그만큼 시간적 여유, 마음의 여유가 있다. 그래서 새벽형 인간 생체리듬을 가진 사람들의 모습에서 생기와 활력을 느낄 수 있는 것이다.

그러나 긴장감을 늦추지 않으면 '시간적 여유'라는 함정에 빠질 수 있다. 사실 여유가 많은 사람들의 일상을 들여다보면 중요하지 않은 일에 시간을 쓰고 있음을 알 수 있다. 수입이 많으면 그만큼 지출도 늘어나는 이치와 같다.

A라는 사람이 생활패턴을 새벽형 인간으로 바꾸었다고 가정해보자. 일찍 자고 일찍 일어남으로써 출근 전 2시간가량의 여유가 생겼

다. 하지만 그가 알토란같은 시간에 뉴스 시청과 같은 쓸데없는 일에 허비하고 있다면? 차라리 그는 저녁형 인간으로 돌아가는 것이 나을 것이다. 차라리 저녁에 친구들과 술잔을 기울이며 우정을 지키는 일이 더 의미 있을 테니까.

주변에는 성실하게 일하는 사람들이 많다. 그러나 성실한 반면에 효율적으로 일하는 사람은 보기 드물다. 갈수록 치열해지는 조직 내의 경쟁 속에서 그나마 성실하지 않으면 도태된다. 때문에 남들 눈에 성실하게 보이도록 일하는 것일 뿐이다. 그저 쫓겨나지 않기 위해 성실하거나 성실한 척하는 사람이 과연 자기 분야에서 탁월한 성과를 발휘하거나 인정받을 수 있을까?

저술가인 토마스 K. 코넬란의 말을 들어보자.

"능률이란 일을 적절하게 하는 것을 말하며 효율이란 적절한 일을 하는 것을 말한다."

성실하게보다 효율적으로 일해야 한다. '효율적으로 일하라'는 말은 재차 말해도 지나치지 않는다. 효율적으로 일할 때 더 많은 일들을 처리할 수 있기 때문이다. 인생은 시간과의 싸움이다. 자신에게 주어진 시간을 잘 경영할 때 원하는 미래를 창조할 수 있다. 따라서 우리는 시간이라는 자원을 가장 잘 활용하기 위해선 효율적으로 일을 해야 한다.

그렇다면 어떻게 일하는 것이 효율적으로 일하는 것일까? 앞장에서 말했듯이 일의 우선순위를 정해서 가장 중요한 일부터 하는 것이다. 나는 이를 기본에 충실 하는 것이라고 말한다. 사소한 것에 신경 쓰게 되면 가장 중요한 일을 간과하게 된다. 막상 중요한 일을 하려고 해도 정작 시간이 부족해 그르치게 된다. 중요한 일을 제대로 해내지 못한다면 절대 효율적으로 일을 했다고 볼 수 없다.

자기에게 주어진 일들 가운데 당신이 해야 하는지, 아니면 다른 사람에게 맡겨도 되는지를 먼저 파악해야 한다. 핵심은 능률적인 시간 활용보다는 효율적인 시간 활용에 있다. 현명한 사람들은 하나같이 시간을 효율적으로 활용한다. 그런 만큼 그들은 다른 사람들에 비해 빠른 속도로 삶을 발전시킨다.

몇 해 전 미국의 한 신문사에서 직장에서 승진하는 사람과 그렇지 않은 사람을 조사해 발표했던 적이 있었다. 효율적으로 일을 하는 사람들 즉 재미가 없는 사람들은 대부분 빠르게 승진했다고 한다.

그때 실린 기사의 내용은 이렇다.

"시카고의 한 의대에 있는 리서치 팀의 조사에 따르면, 활발하지 않고 재미없는 사람들은 파티에 우선적으로 초대되지는 않지만 대부분의 경우 승진 대열에는 먼저 오르는 것으로 나타났다. 또한 88명의 관리직원에 대한 조사를 마친 결과, 이 재미가 덜한 사람들이 가장 성공하는 관리직원들인 것으로 나타났다. 이것은 그들이 다른 데 한 눈 팔지 않고 주어진 일에만 전념하기 때문인 것으로 보인다. 재미를 추구하는 사람들로 분류된 관리직원들은 그렇지 않은 사람들에 비해 낮은 연봉을 받는 경향을 보였다."

사실 효율적으로 일을 하는 사람들 가운데 재미가 덜한 사람들이 대부분이다. 그들은 자신이 중요하다고 생각하는 일 외에는 한눈을 팔지 않기 때문이다. 오로지 그 일에 몰입하기 때문에 전혀 외부에 신경 쓰지 않는다. 그러니 다른 사람들이 자신을 어떻게 생각하든 관여하지 않는다.

사람들은 저마다 자신의 방식으로 일을 한다. 사람에 따라 업무 방식이 효율적이거나 그렇지 않을 수도 있다. 하지만 확실한 것은 자신이 알고 있는 방식이 효율적이지 못하다면 과감하게 바꾸어야한다는 것이다.

나는 효율적이지 못한 사람들에게 이렇게 충고한다.

"시간만 **뺏기면서** 진척이 되지 않는다면 시스템에 문제가 있다. 망설임 없이 바꾸어라. 당장 혁신하지 않으면 머지않아 화가 닥치게 된다."

내가 활용하고 있는 '효율적으로 일하기' 시스템을 소개할까 한다.

쉽고 간단하기 때문에 업무에 활용하기도 쉽다.

첫째, 아침을 일찍 여유롭게 시작하라

어떤 기분으로 아침을 시작하느냐는 너무도 중요하다. 아침에 기분이 나쁘면 하루 종일 일이 꼬이게 된다. 따라서 일찍 일어나 아침을 여유롭게 시작한다면 보다 효율적으로 일을 처리할 수 있다. 아침을 일찍 여유롭게 시작하기 위해선 늦게 잠드는 생활패턴을 새벽형 인간으로 바꾸어야 한다.

둘째, 일을 조직화, 단순화하라

무턱대고 일해선 안 된다. 꼭 해야 할 일을 정해서 해야 한다. 자신의 업무와 관계가 없거나 기여도가 적은 일, 가치가 낮은 일은 목록에서 삭제해야 한다. 그리고 다음의 질문을 통해서 보다 일을 조직화해 볼 수 있다.

일의 순서를 더 효율적으로 바꿀 수 없을까?

여러 가지 일을 하나로 결합할 수 없을까?

일하는 방식을 좀 더 효율적으로 바꿀 수 없을까?

이 일을 다른 일로 대치할 수 있는 방법은 없을까?

이 일을 규격화, 표준화, 기호화할 수 없을까?

모든 일에는 시간과 에너지가 들게 마련이다. 따라서 일을 최소화, 즉 단

순환한다면 에너지를 줄일 수 있고 축적된 에너지를 다른 일에 쏟을 수 있게 된다.

셋째, 절대 미루지 말고 즉시 처리하라

지금 당장 해야 할 일을 다음으로 미루는 사람들이 있다. 내일로 미루는 순간 내일이라는 시간이 오늘에 저당 잡히고 만다. 결국 오늘과 내일을 허비하게 되는 것이다. 오늘 해야 할 일은 오늘 마친다는 원칙을 세워서 일하는 습관을 들여라.

미루지 않고 당장 처리하는 것은 시간경영에 있어 가장 중요한 부분이라고 할 수 있다. 메일을 써야한다면 당장 써야 한다. 메모나 스크랩은 짬을 활용한다면 일부러 시간을 내지 않아도 충분하다.

넷째, 창의적으로 일하라

현재는 과거의 산물이다. 그렇다면 현재를 보면 미래를 가늠할 수 있다. 그동안 해왔던 안일한 업무 방식에서 벗어나야 한다. 창의력을 발휘해보자. 창의력은 지금보다 효율적으로 일을 할 수 있도록 스킬을 제공할 것이다.

다섯째, 몰입해서 일하라

미국 시카고대학의 심리학과 미하이 칙센트미하이 교수는 자신의 저서

《몰입의 즐거움》을 통해 성공적인 삶을 위해서는 한 가지 일에 깊이 빠져드는 몰입의 필요성을 강조한다. 몰입할 때 행복할 뿐 아니라 기회의 문도 열리기 때문이다.

시간 관리에서 몰입은 가장 기초적인 것이다. 일을 가장 잘하기 위해선 그 일에 몰입해야 한다. 몰입할 때 일을 효율적으로 처리할 수 있다. 그만큼 시간을 절약하게 된다.

여섯째, 즐겁게 일하라

신학자인 노만 빈센트 필의 말이다.

"'해야 할 일'을 '하고 싶은 놀이'로 바꾼다. 어떤 직업, 어떤 자리에 있건 자신의 일을 사랑하지 않는 이상, 결코 성공할 수 없다."

대부분의 사람들은 노예처럼 일을 한다. 그들의 표정은 '당장 때려치우고 싶다'고 말하는 듯하다. 일을 고통으로 여기는 사람들은 일에 있어서 능률적이지 못하다.

일을 효율적으로 하기 위해선 가장 먼저 자신이 하는 일에서 '의미'를 찾아야 한다. 의미를 찾고 부여 할 때 일을 좋아할 수 있기 때문이다. 일을 좋아하게 되면 자연히 일이 즐거워진다. 놀이처럼 일을 하는데 어찌 효율적이지 않을까.

일곱째, 한 번에 한 가지씩 하라

몇 가지 일을 벌여놓는 사람들이 있다. 이런 사람은 처음에는 의욕적으로 일을 시작하지만 얼마 못가 지쳐버리고 만다. 일은 한 번에 한 가지씩 하는 것이 훨씬 효율적이다.

절대 한 가지 일을 마무리 짓기 전에는 새로운 일에 손대지 마라. 중요한 일일수록 그 일에 몰입하는 것이 좋다. 그만큼 일의 완성도도 높아지게 된다.

여덟째, 하기 싫은 일부터 처리하라

업무 중에는 자신이 잘하는 업무, 좋아하는 업무, 싫어하는 업무가 섞여있다. 이때 쉬운 것부터 하는 사람도 있고 어려운 것부터 하는 사람도 있다. 또 좋아하는 일부터 하는 사람, 싫어하는 일부터 하는 사람 등 다양하다. 이처럼 일을 시작하는 데는 여러 가지 형태가 있지만 가급적이면 싫어하는 일부터 처리하는 것이 좋다. 비록 싫어하는 일을 시작할 때 부담감은 따르겠지만 일의 진척에 따라 마음이 홀가분해지게 마련이다. 그리고 자신이 잘하는 일, 좋아하는 일을 하게 되면 훨씬 기분 좋게 일을 할 수 있다.

이와 반대로 자신이 잘하는 일 혹은 좋아하는 일을 먼저 하게 되면 일을 하면서도 하기 싫은 일이 남아있다는 생각에 개운치 않다. 따라서 평소보다 일을 처리하는 시간이 길어지게 된다. 이는 싫어하는 일을 피하려는 일종의 자기보호기 때문이다.

이제 더 이상 성실하게 일만하는 황소가 되어선 안 된다. 경쟁이 치열한 이 사회에서 결코 살아남지 못한다. 변화의 쓰나미가 몰려오는 요즘 성실로 무장한 사람은 무식한 황소에 지나지 않는다. 절대 상사나 동료들이 알아주지 않는다. 그 대신 성실하게보다 효율적으로 일해야 한다.

그렇다고 해서 내 일만 효율적으로 하는 '이기적인 동료'가 되지 말자. 일에 파묻혀 야근을 밥 먹듯 하는 동료를 도와주는 이타심을 발휘해보라. 그러면 당신은 머지않아 조직 내에서 박수갈채를 받는 동료가 될 것이다.

10

중요한 선택과 결정은 새벽에 하라

인생은 수많은 선택과 결정의 조각으로 이루어져 있다. 따라서 행복한 인생, 성공하는 인생을 살기 위해선 항상 올바른 선택과 결정을 내릴 수 있어야 한다. 지금 내리는 선택과 결정이 5년 후, 10년 후의 미래를 좌우하기 때문이다.

세계적인 컨설팅 회사인 '프랭클린 코비사'의 CEO인 하이럼 스미스의《인생에서 가장 소중한 것》중에 이런 말이 있다.

한 기자가 성공한 기업가에게 성공비결에 대해 물었다.

기업가는 이렇게 대답했다.

"올바른 결정을 내렸기 때문입니다."

기자는 다시 물었다.

"그렇다면 어떻게 올바른 결정을 내릴 수 있었습니까?"

기업가는 짧게 대답했다.

"경험 덕분이었지요."

기자는 마지막으로 물었다.

"경험은 어떻게 얻었습니까?"

기업가는 망설이지 않고 대답했다.

"잘못된 결정을 통해서 얻을 수 있었습니다."

대부분의 사람들은 기업가의 말에 공감할 것이다. 하지만 군이 잘못된 결정을 통해서만이 올바른 결정을 내릴 수 있을까? 처음에 잘못된 결정을 내렸다는 것은 그만큼 시간과 노력을 허비했다는 뜻이다. 만일 처음부터 옳은 결정을 내릴 수 있다면 시간과 노력은 훨씬 경제적일 수 있을 것이다.

나는 그동안 주변의 사람들이 잘못된 선택과 결정을 내려 오래도록 후회하는 모습을 보았다. 그들을 관찰하다가 한 가지 공통점을 발견했다. 그것은 바로 그들이 주로 낮이 아닌 밤에 고민 후 선택하고 결정한다는 것이다. 낮은 이성적인데 비해 밤은 감상적이다. 따라서 중요한 선택과 결정은 낮에 내려야 한다. 그래야 이성적인 판단에서 옳은 선택과 결정을 내릴 수 있다.

그러나 밤에 내리는 선택과 결정은 대부분 후회로 끝나고 만다. 밤이라는 시간대는 감상적인 심리로 들어가기 때문에 이성적인 판단을 할 수 없게 된다. 그리하여 결국 잘못된 선택과 결정을 하게 되는 것이다.

그렇다면 낮과 밤이 대조되는 이유는 무엇일까? 그것은 인체에서 나오는 호르몬과 상당한 영향이 있다. 수많은 호르몬 중에서 몇몇 호르몬의 분비가 일종의 생체시계인 '스캐디언 리듬(circadian rhythm)'을 따라 분비된다. 쉽게 말해 스캐디언 리듬은 일주기를 뜻한다. 밤과 낮의 변화에 따라 밤과 낮의 심리 상태나, 신체 상태가 달라진다. 밤에는 활동시키고 각성시키는 호르몬이 적게 분비 되어 감상적이고 차분해지는 것이다.

또 다른 이유로는 자율신경계의 교감신경, 부교감신경을 들 수 있다. 교감신경은 내장, 혈관, 분비샘에 뻗어 있는 자율 신경이다. 아드레날린을 분비하여 심장 작용 촉진, 위장 작용 억제, 피부 혈관 수축, 동공 확대 따위의 작용을 한다. 잘못을 저질렀을 때나 위험할 때 가슴이 두근거리고 입이 바싹 마르는 것 등의 생리작용은 교감신경에 의해 조절된다.

부교감 신경은 교감 신경과 더불어 자율 신경계를 이룬다. 교감 신경이 촉진되면 억제하는 일을 하고, 신체가 흥분되면 심장의 구실을 억제하며 소화기의 작용을 촉진하는 역할을 한다.

교감 신경과 부교감 신경은 서로를 억제하며 조절하는 기능이 있다. 그 정도에 따라 기분이나 몸 상태가 달라지는 것이다. 인체는 밤에는 부교감 신경이 교감신경보다 더 활동적이다. 그런데 부교감 신경은 마음을 가라앉게 하는 쪽으로 작용을 한다. 그래서 밤이 되면 기분이 가라앉으면서 차분해지고 감상적이 되는 것이다. 낮에는 이성적이게, 밤에는 감상적이게 되는 이유가 여기에 있다.

한 가지 예를 들어보자.

당신은 학창시절 누군가에게 애정이 담긴 편지를 쓴 경험이 있을 것이다. 밤을 꼬박 새워 편지를 썼지만 정작 다음날 봤을 때 기분은 어떠했는가? 부끄러운 나머지 누가 볼까봐 찢어버린 경험이 있을 것이다. 이처럼 낮과 밤에 따라 생각의 차이는 극명한 대조를 이룬다.

이제 당신은 '낮에 중요한 선택과 결정을 내려야 하는구나.'라고 생각할 것이다. 그러나 이는 옳은 대답이 아니다.

"중요한 선택과 결정은 사고가 명징해지는 '새벽'에 하라!"

당신은 낮 시간대에 마음 놓고 자유 시간을 가질 수 있는가? 그러한 위치에 있다면 낮 시간대에 선택과 결정하는 것은 지극히 옳은 일이다. 하지만 그렇지 않다면 새벽 시간을 활용해야 한다.

새벽 시간은 너무도 고요하다. 무엇보다 새벽은 만물이 깨어나는 시간인 만큼 인체도 서서히 잠에서 깨어나게 된다. 때문에 가장 집중력이 강하고 이성적 판단력이 높은 시간대이다.

중요한 선택과 결정일수록 새벽에 내리는 것이 좋다. 실제로 성공하는 CEO들뿐만 아니라 자신의 분야에서 확고한 위치를 다진 사람들은 모두 새벽에 선택하고 결정을 내린다.

어쩌면 당신은 "난 새벽잠이 많은데" 하고 푸념할지도 모른다. 그러나 잠자리에 들기 전 급하게 선택과 결정을 내리게 되면 두고두고 후회하게 된다. 어쩌면 이 일로 인해 창공을 향해 나는 당신의 날개가 꺾일지도 모른다. 그런데도 당신은 저녁형 인간 예찬론자가 되고 싶은가?

당신은 하루에도 몇 번씩 작고 사소한 선택과 결정의 갈림길에 서게 된다. 이때 어느 시간대에 선택과 결정을 내릴 것인지 당신에게 달렸다. 어쩌면 당신은 우유부단하다가 어떤 선택과 결정도 내리지 못할 수도 있을 것이다. 중요한 것은 이런 하나하나에 당신의 인생이 발전되거나 퇴보한다는 것이다.

당신은 '인생'이라는 집을 짓는 건축가다. 그러니 이제 '인생'이라는 집을 성공적으로 짓기 위해 어떤 선택과 결정을 내려야하는지 답이 나왔다. 이제 답에 맞는 실행력만 남았다.

인생을 세 배로 사는 사람들

길가는 자를 위한 시

얕은 물은 작은 돌멩이에도
쉽게 방향을 바꾸지만
깊은 강물은 거센 폭풍이 몰려와도
바다에 닿을 때까지 묵묵히 흘러갑니다.
마음의 깊이가 얕은 사람은
말 한마디에 흔들리지만
깊은 사람은 뿌리깊은 나무처럼
결코 흔들리는 법이 없습니다.

사람들에게 그늘을 주는 큰 나무도
처음에는 모래알 같은 씨앗이었습니다.
씨앗은 거친 비바람을 이겨내고
때론 시린 겨울바람과 뜨거운 열풍을 견디며
매일마다 희망 심기를 잊지 않았기 때문에
사람들에게 휴식과 희망을 줄 수 있는 것입니다.
사람들은,
큰 나무와 아름다운 꽃만 기억할 뿐이지
처음에 작은 씨앗이었다는 것을
종종 잊어버리며 살아갑니다.

숲이 아름다운 것은
꽃이나 키가 큰 나무, 예쁜 새
분명 이들 때문만은 아닙니다.

낮에는 뜨거운 태양 빛을
밤에는 깜깜한 어둠을 받아들이는
헌신이 있기 때문입니다.
그런 헌신이 있기에
사람들은 때로
사랑을 배우러 숲을 찾고
사랑을 간직하기 위해
숲을 찾는 것입니다.

01

36세, 117권의 책을 썼다

한국책쓰기코칭협회 김태광 회장

지금으로부터 10여 년 전, 시사를 다루는 잡지사에서 사회생활을 시작한 청년이 있었다. 그의 꿈은 잘나가는 중앙일간지의 저널리스트였다. 하지만 그의 꿈은 지방대학이라는 꼬리표 때문에 '노크' 한번 해보지 못한 채 여지없이 무너지고 말았다. 결국 그는 생계를 위해 '신문' 대신 '잡지'를 택했다.

그는 일에서 어떤 흥미도 느낄 수 없었다. 그렇다보니 퇴근 후 지인들과의 술자리가 잦았고, 이틀에 한 번 꼴로 자정이 다되어서 들어가곤 했다. 때로 새벽을 넘긴 나머지 사우나에서 새우잠을 잘 때도 있었다. 자연히 생활은 엉킨 실타래처럼 꼬여갔다. 그쯤 되자 종종 지각 출근으로 편집장의 눈 밖에 났고 급기야 동료들로부터 '왕따' 신세로 전

락했다.

그는 서울에서 혼자 자취하다보니 밥 대신 라면이 주식이었고 술 마시는 횟수가 더 많았다. 위장병에다 영양결핍까지 생겼다. 그로 인해 눈에는 다크 서클이 생기고 볼은 움푹 패었고 얼굴에는 기미, 주근깨가 만발했다. 한 마디로 최악이었다.

하루는 편집장이 그를 호출했다. 편집장은 그에게 단호하게 물었다.

"김 기자, 직장 생활할 마음은 있는 거야?"

"아무리 내가 자네를 너그럽게 봐주려고 해도 한계가 있어. 계속 이 따위로 근무하려면 사표 써."

며칠 동안 그는 수백 번 편집장의 말을 곱씹어보았다. 어느 순간 이런 생각이 들었다.

'내가 꿈꾸던 삶은 이게 아니었는데….'

'지금 내가 무슨 짓을 하고 있는 거지.'

그는 고심을 거듭한 끝에 잡지사에 과감하게 사표를 냈다. 그리고 문래동 아파트 공사현장에서 막노동을 시작했다.

위의 이야기는 실화이다. 주인공은 바로 나 자신이기 때문이다. 과거의 나와 지금의 나를 비교했을 때 180도 달라졌다. 그렇다고 해서 내가 위대한 성공이나 명예나 부를 축적한 것은 아니다. 내면의 성공을 말하는 것이다. 과거에는 생계를 위해 노동을 해야했지만 지금은 좋아하는 글쓰기를 통해 존재감을 느끼고 있다. 나는 이보다 더 행복할 순 없다고 생각한다.

과거 직장에 다닐 때는 월급날과 주말을 기다리며 살았다. 금요일 되면 내일은 주말이라는 생각에 서서히 기분이 좋아지기 시작했다. 그러다 일요일 오후가 되면 내일 아침에 출근해야한다는 생각에 서서히 불안해졌다. 월요일 아침에 눈을 뜨기가 죽기보다 싫은 적이 한 두 번이 아니었다. 당시 내 모습은 마치 소가 도살장으로 끌려가는 것과 같았다. 출근해서도 자꾸만 딴 생각이 들곤 했다.

'내가 원하는 글을 쓰며 살 수는 없을까?'
'내가 쓴 책이 베스트셀러가 된다면 얼마나 행복할까?'
'경제적 가난에서 벗어나면 지금보다 더 행복하겠지.'
'대형서점에서 사인회를 한다면 그 기분은 어떨까?'

수시로 이런 상상의 나래를 펼쳤다. 내가 마지못해 해야 하는 일에서 오는 압박감과 스트레스로부터 나를 지키기 위한 내 나름의 처방이었던 것이다. 이처럼 마지못해 살던 내가 내 이름으로 연구소를 만들어 1인 기업가로 변신한 후부터는 정말 인생이 즐겁다는 것을 몸소 느낄 수 있었다. 특히 직장에 나갈 때는 심장이 뛰지 않았지만 내가 좋아하는 일을 하기 시작한 뒤로는 심장이 뛰기 시작했다. 내가 살아 있음을 생생히 느낄 수 있었다.

나는 하루에 5시간 정도 수면을 취하며 그 외의 시간은 내 꿈을 실현하는데 쏟았다. 새벽 5시에 일어나 강연이나 다른 특별한 일이 없는 날은 원고와 칼럼을 썼는가 하면 독서를 하며 시간을 보냈다. 당시를 떠올려보면 가혹하리만치 나를 내몰았던 것 같다. 물론 남이 등 떠민 것도 아니고 나 스스로 좋아서 했기 때문에 고생스러워도 고생인 줄 몰랐다.

하루 5시간 밖에 자지 못한다는 것은 직장에 다닐 때는 상상도 할 수 없는 일이었다. 그때는 늘어지게 자도 다음 날 아침이면 일어나기가 힘들 정도로 몸이 무겁고 힘들었는데 1인 기업을 시작한 뒤로는 그 반대였다. 비록 수면 시간은 짧았지만 몸의 컨디션은 어느 때보다도 좋았다.

나는 2003년에 산문집 《꿈이 있는 다락방》, 《마음이 담긴 몽당연필》 2권을 출간한 이래 한결같은 마음으로 책을 썼다. 내가 할 줄 아는 것, 아니 좀 더 정확하게 표현하자면 내가 가장 좋아하고 잘하는 것이 책을 쓰는 것이기 때문이다.

2011년에는 어린이 자기 계발서와 청소년 자기 계발서를 비롯해 11권을 출간했다. 2003년부터 11년 12월까지 펴낸 책을 모두 총합해보니 100권이었다. 8년 동안 100권의 책을 썼다는 것이 나는 믿어지지 않았다. 내가 계산을 잘못한 것이 아닐까 해서 종이에다 메모해가며 다시 더해보았다. 틀리지 않았다. 만일 여기에다 다른 사람의 책을 대신 써준 것까지 더 한다면 총 권수는 더 늘어날 것이다. 나는 정말 거북이처럼 쉬지 않고 걷는다면 느리지만 결국 빨리 간다는 것을 실감했다.

그 즈음 한국기록원에서 '대한민국기록문화대상'을 공모한다는 소식을 들었다. '한국기록원이 어떤 곳이지?' 하고 의문을 가지는 분들을 위해 한국기록원이 어떤 곳인지 간략하게나마 소개할까 한다. 사실 기네스는 알지만 한국기록원에 대해서는 잘 알지 못한다. 한국기록원은 각 분야별로 기록할 가치가 있는 기록들과 기네스북 기록을 공모하고 세계 기네스북 등재를 대행하는 기관으로 보면 된다. 가끔 TV프로그램 무한도전에 보면 무한도전 멤버의 공식적인 기록을 측정하는 한국기록원 관계자들의 모습을 봤던 기억이 날 것이다. 나는 서른다섯의 나이에 100권 책을 쓴 것이 기록이 되지 않을까, 하는 기대가 들었다. 만일 그렇게 된다면 그동안 내가 분투하며 살아온 10년 가까운 세월에 대한 보상으로 나에게 있어 그 어떤 것보다도 값진 선물이 될 터였다.

나는 기대 반 걱정 반으로 '대한민국기록문화대상' 공모에 맞는 공적을 작성하기 시작했다. 그동안 내가 신문사나 문예지에서 시 창작 부문에 당선되어 상을 받은 것이 전부이기 때문에 공적을 쓰는 일은 만만치 않았다. 그래도 사람의 일은 알 수 없는 법! 그래서 최선을 다해서 내가 살아온 과정과 어떤 책들을 펴냈는지에 대해 적었다. 그리고 한국기록원에 공적조서를 보냈다.

사실 나는 공적조서를 보낸 후 까맣게 잊고 지냈다. 사실 세상에는 나 외에도 대단한 사람들이 헤아릴 수 없을 정도로 많다는 것을 잘 알기 때문이다. TV프로그램 '순간포착, 세상에 이런 일이'나 '생활의 달인'만 봐도 감탄사가 절로 나오는 사람들이 나오지 않는가. 그래서 한국기록원에서 '대한민국기록문화대상'에 당선되었다는 소식이 날아들기를 기대하지 않았다.

그런데 12월 초 반가운 소식이 날아들었다. 내가 35세에 100권의 책을 쓴 공적으로 '대한민국기록문화대상' 최연소, 최단기간, 최다 출판 개인 부문에 당선된 것이다. 그 소식을 들을 때 정말 나도 모르게 현기증이 일면서 눈물이 났다. 스무 살 시절 서울의 고시원에 틀어박혀 막노동으로 연명하다시피해서 집필한 원고를 수백 군데의 출판사로부터 퇴짜를 맞으며 냉가슴을 앓아야했던 과거가 영화 필름처럼 지나갔다. 이제 그런 아픈 과거들은 훈장과도 같은 것이었다. 그런 아픈 시간들이 있었기에 지금의 기쁜 소식도, 그리고 지금의 내가 있을 수 있기 때문이다.

그렇게 해서 나는 2011년 12월 19일, 오후 3시 국회 의사당에서 한국기록원에서 주최하고 한국디지털학회, 한국소비자심리학회 등 50

여 곳에서 후원하는 '제1회 대한민국기록문화대상' 개인 부문을 수상했다. 이날 시상식에는 여러 방송사를 비롯해 언론사 기자들, 인터넷 뉴스 기자들까지 와서 열띤 취재를 했다. 특히 민주당 정세균 의원을 비롯한 여러 국회의원들, 각계각층의 저명하신 분들이 참석하셔서 축하해주었던 기억이 난다.

나는 한국기록원 김덕은 원장으로부터 기네스 등록 인증서를 받을 때 울컥하는 것을 간신히 참았다. 그날 나는 앞으로 대한민국 최고의 자기계발작가, 동기부여가, 대표 책쓰기 코치, 출판프로듀서가 되기 위해 더욱 더 노력하겠다고 다짐했다.

나는 그동안 인생을 살아오면서 정말 인생은 정직하다는 것을 깨달았다. 내가 꿈을 갖고 최선을 다하면 그것에 걸맞은 보상을 주고, 그렇지 않고 아무런 목적의식 없이 대충 산다면 더없이 가혹한 것이 인생이다.

나는 어떤 분야건 꿈을 갖고 입에 단내가 나도록 치열하게 살면 반드시 성공하게 되어 있다고 믿는다. 아니, 확신한다. 왜? 하나님이 그렇게 세상을 창조하셨기 때문이다.

과거의 아무 것도 가진 것 없었던 내가 지금은 베스트셀러 작가, 동기부여가, 대한민국 최고의 책쓰기 코치가 되었다. 지금의 위치에 있을 수 있었던 것은 지독한 노력과 운 덕분이었다. 물론 내가 꿈꾸는 미래를 위해 지독한 노력을 기울일 수 있었던 것은 나만의 시간을 확보할 수 있었기 때문이다. 즉 새벽 시간을 잠으로 허비하기보다 컴퓨터에 앉아 키보드를 두드렸기 때문에 나는 다양한 기회와 운을 누릴 수 있었다.

그래서 나는 사람들에게 나의 성공 비결로 두 가지를 외친다.

'새벽 시간 활용하기.', '내 이름으로 된 책 쓰기.'

이 두 가지를 확실히 내 것으로 만들 수 있다면 이미 절반의 성공은 이룬 거나 진배없다. 과거의 내가 새벽 시간을 활용해 인생 2막의 초석을 다진 것처럼 당신도 새벽 시간을 미래를 위한 알짜배기 시간으로 삼기를 바란다.

꿈과 성공은 새벽에 이루어지는 법이니까.

02

지독한 노력이 지금의 나를 만들었다

세계화전략연구소 이영권 소장

대한민국 대표 스타 강사들 중 강연 횟수로 압도적 우위를 자랑하는 이영권 박사가 있다. 이 박사는 현재 일 년에 평균 600회 이상의 강연을 하고 10년간 약 6,000번의 강연을 진행했다. 몇 해 전 한 기업의 초청으로 잠실체조경기장에서 진행한 강연에는 무려 2만 여명이 운집해서 그의 강연을 듣기도 했다. 그가 지금까지 강연을 통해 만난 청중은 무려 100만 명에 달한다.

지금의 그는 누구나 부러워하는 성공적인 인생을 살고 있다. 하지만 과거의 그는 지금과는 달리 가난으로 인해 힘든 시간을 보내야 했다. 그는 가난한 환경만큼이나 비관적이었다. 그러다보니 당연히 공부는 뒷전이었다. 가진 것이 없는 사람은 아무리 공부를 잘해도 성공할 수 없다는 생각으로 가득 차 있었다.

그러다 어느 날 문득 지금처럼 살아선 안 된다는 자각이 들었다. 그는 방황하고 좌절하던 생활에 종지부를 찍고 과거는 잊고 미래를 향해 치열하게 살아야겠다고 결심했다. 대학시절 그는 우리나라는 무역을 통해 돈을 벌어야 한다는 생각을 가지고 있었다. 영어 하나만 잘해도 남들보다 뛰어난 경쟁력을 키울 수 있을 거라고 확신했다. 그래서 죽을힘을 다해 영어 공부에 몰입했다. 그는 일 년 반 동안 하루에 12시간 이상 영어 공부를 할 정도로 지독하게 공부했다.

이 박사는 전형적인 새벽형 인간이다. 그는 새벽 5시경에 일어나 하루를 시작한다. 대학시절 그는 "성공하기 위해선 가장 중요한 한 가지에 목숨을 걸어야 한다."라고 생각했다. 그래서 그는 영어에 자신의 전부를 쏟았다. 그때 치열하게 공부했던 영어는 1977년 SK상사에 입사에서부터 그 후 39세에 당시 선경(SK글로벌) 최연소 이사로 승진하는 데 있어 날개가 되어주었다.

그는 마케팅 실장과 사장 등을 거치며 20여 년 간을 SK맨으로 살았다. 그리고 1999년 1월 사내 이미지·PR컨설팅 사업부인 이미지네이션이 분사하면서 대표이사를 맡으면서 마케팅 컨설팅 회사인 글로벌커뮤니케이션즈를 설립하며 두 회사를 이끄는 CEO의 자리에 오르기도 했다.

이 박사는 항상 어떤 일이건 죽을힘을 다해 노력하면 반드시 최고가 될 수 있다는 진리를 몸소 실천하며 살았다.

그는 직업세계에서 최연소 이사로 승진하는 등 승승장구했다. 하지만 그는 시간이 지나면서 조직이 언제까지 자신을 지켜주지 않는다는 것을 깨닫기 시작했다. 이런 생각이 들자 미래를 떠올려보면서 많은 고민을 하게 되었다. 고민 끝에 그는 직업세계를 떠나 가슴이 시키는 일을 하며 살기로 결심했다.

그는 책과 칼럼을 쓰고 강연을 하는 1인 기업가의 길을 걷기 시작했다. 하지만 1인 기업가는 그동안 몸담았던 안정된 직장과는 확연히 달랐다. 조직을 떠나는 순간 그 조직에서 가졌던 직위나 직함은 무용지물이 되었기 때문이다. 모든 것을 처음부터 시작해야 했다. 무언가를 얻기 위해선 치열하게 움직이고 노력해야 했다.

이 박사는 오랫동안 SK맨으로 살면서 고군분투했던 인생을 통해 배웠던 교훈과 지식과 경험을 책으로 집필했다. 책이 출간되자 각종 매스컴에서 앞 다투어 소개해주었다. 시간이 지나면서 책을 통해 감명을 받은 사람들로부터 강연 요청이 들어오기 시작했다.

나와 공저로 집필한 《남자 스피치》에서 이영권 박사는 이렇게 말했다.

"요즘 부모들은 자녀를 SKY대에 보내기 위해 과외도 시키고 학원에도 보내는데, 사실 저는 좋은 대학을 나오지 못했어요. 게다가 대학 3학년 1학기까지 제 처지를 비관하며 방황했습니다. 이런 제가 불쌍하게 느껴졌는지 하늘이 저에게 귀인을 보내주셨어요. 인생의 선배(조언자)를 만난 것이 계기가 되어 방황에 종지부를 찍고 과거는 잊고 미래를 향해 오늘을 최선을 다해 살아야한다고 다짐했고 실천했습니다.

인생은 마라톤과 같습니다. 뒤를 돌아보지 말고 지금 달리는 일에만 신경을 집중해야 합니다. 저는 당시 이런 생각을 했습니다. '42km 중에 아직 6~7km밖에 안 뛰었다. 앞으로 얼마든지 만회할 수 있고, 성공할 수 있다.' 학교는 안 좋았지만 당시 전공(무역학과)은 잘 선택했다는 생각이 들었어요. 저는 한국은 외국을 상대로 돈을 벌어야 한다는 생각을 가졌기에 영어라는 경쟁력을 키워야겠다고 결심했습니다. 그래서 죽어라고 영어 공부에 매달렸지요. 일 년 반 동안 하루에 12시간 이상 영어 공부를 했던 것 같습니다. 저는 성공하기 위해선 한 가지를 죽여야한다고 생각합니다. 그래서 저는 영어를 죽였습니다. 그렇게 죽을 각오로 영어에 미쳤던 것이지요. SK에 입사해 2년 10개월 만에 SK무역 뉴욕지사 중역으로 발령이 났습니다. 신은 정말 공평한 것 같습니다. 아무리 척박한 토양에 뿌리를 내렸더라도 본인이 하기에 따라 얼마든지 성공할 수 있기 때문입니다."

20대 시절, 나는 이영권 박사를 롤 모델로 삼았다. 그를 보면서 '나도 할 수 있다'라고 수없이 다짐하고 다짐했다. 나는 '베스트셀러 작가', '동기부여가' 등의 꿈을 실현하기 위해 정말 지독하게 노력하고 노력했다. 그런 노력이 쌓이고 쌓여서 지금은 내가 몸담고 있는 분야에서 어느 정도 위치에 올랐다고 자부한다. 그리고 올해 이영권 박사와 두 권의 책《10대의 꿈이 평생을 결정하다》, 《남자 스피치》)을 공저로 출간하기도 했다.

나는 이 박사가 실천했던 부분들을 그대로 따라하려고 노력했다. 그가 새벽형 인간 생활을 하기에 나 또한 새벽형 인간이 되었고, 동기부여가로서 열정적으로 강연하는 모습에 반해서 나 역시 목청이 터져라 열정적으로 최선을 다해 강연하고 있다.

스페인의 철학자 발타자르 그라시안의 말이다.

"잠자리를 박차고 일어나라. 새벽시간을 잘 활용하면 인생은 다른 세상으로 펼쳐질 것이다. 처음엔 다소 무리가 따르겠지만 참고 기다려라. 그대는 새벽 세 시간을 얻으면 또 하나의 인생을 가질 수 있다. 다만 자기 전에 너무 많은 고민을 안고 있지 마라. 자기 전의 고민은 수면을 방해할 뿐 문제에 도움이 되지 않는다. 잠을 완벽하게 자고 난 뒤 새벽에 의외로 좋은 생각이 떠오르는 수도 있다."

남들보다 앞서가고 성공하기 위해선 시간을 잘 활용해야 한다. 그러기 위해선 반드시 새벽형 인간이 되어야 한다.

이영권 박사는 현재 책 집필에다 칼럼 기고, 방송 활동, 강연 활동으로 분주하게 보내고 있다. 그는 사람들로부터 강연을 할 때 종종 '청중을 들었다, 놓았다' 한다는 말을 듣는다. 혹자들은 그가 말재간을 타고났다고 생각한다. 하지만 이는 착각이다. 그는 강연가로서 최고가 되기 위해 혹독한 트레이닝에 들어갔다. 3개월간 자신의 방송을 매일 녹음해 5번씩 되풀이해 들으며 모니터하고 목소리 톤을 맑게 하기 위해 새벽 5시에 기상해 조깅을 하면서 목을 풀었다. 그런 노력이 쌓이면서 최고의 강연가로 거듭날 수 있게 된 것이다.

하늘은 스스로 돕는 자를 돕는다. 이영권 박사 역시 늘 최선을 다해 살았기 때문에 다양한 기회를 누릴 수 있었다. 그 가운데 처음 방송과 인연을 맺게 된 것을 예로 들 수 있다. 방송 활동을 하고 있던 중앙공무원교육원 윤은기 원장의 추천 덕분이었다.

하루는 윤 원장은 방송국에서 경제 전문 MC를 찾는다는 말을 듣게 되었다. 그 말에 평소 이 박사의 성실함과 실력을 눈여겨보던 그는 "이영권 씨가 안성맞춤"이라며 적극 소개했다. 물론 운이 좋았다, 라고 치부할 수도 있겠지만 운 역시 그가 지독하게 노력했기에 자신의 것으로 만들 수 있었다. 만일 그가 최고의 강연가가 되기 위해 지독한 노력을 하지 않았다면 절대 윤은기 원장의 눈에 들지 않았을 것이고, 방송 출연의 기회는 다른 사람의 것이 되었을 것이다.

이 박사는 오랫동안 경제 전문 방송진행자로 활동해오면서 사람들로부터 진행자답게 조리 있고 유연한 말솜씨가 돋보인다는 말을 많이 듣는다. 사실 이는 그가 딱딱하다고 여겨지는 경제뉴스를 청취자들에게 알기 쉽게 전달하기 위해 많은 노력을 기울인 결과였다. 그런 노력 덕분에 그동안 그가 맡았던 프로그램마다 대성공이었다.

이영권 박사는 결코 운이 좋아 자신의 분야에서 최고가 된 것은 아니다. 새벽형 인간으로서 남들보다 일찍 하루를 시작해 하루 24시간을 48시간으로 활용했다. 그런 지독한 노력 덕분에 지금의 위치에 오를 수 있었던 것이다.

이영권 박사의 말을 가슴에 각인시켜보라.

"여러분이 지금 서 있는 곳에서 자신의 실력이라는 기반을 다지기 위해 노력하라. 그렇게 노력하다 보면 여러분을 도와주는 귀인을 만나게 된다. 그렇게 자신의 실력과 휴먼 네트워크가 구축이 되면 선순환의 고리가 만들어져 성공은 절로 다가오게 된다."

03

익숙한 것과 결별하라
구본형변화경영연구소 구본형 소장

베스트셀러《익숙한 것과의 결별》,《그대 스스로를 고용하라》,《낯선 곳에서의 아침》등의 저자 구본형 소장. 그는 한국IBM에서 20년간 경영혁신 실무를 담당한 경험을 바탕으로 변화경영과 1인 기업 분야에서 대한민국 최고의 전문가로 변신하는데 성공했다.

현재 자신의 이름을 딴 구본형변화경영연구소를 운영하고 있는 그 역시 책을 쓴 덕분에 평범한 직장인에서 대한민국 대표 1인 기업가로 거듭날 수 있었다. 기업의 CEO들이 뽑은 최고의 변화경영 이론가이며, 직장인이 가장 만나고 싶어 하는 강연가 1순위에 꼽힌다.

구본형 소장은 저서《익숙한 것과의 결별》로 퍼스널 브랜딩이 되었지만 책을 내기 전에는 한국IBM의 경영혁신팀장의 직함을 가진 샐러리맨에 불과했다. 그랬던 그가 책을 출간하면서 인생이 백팔십도 달라졌다.

물론 그는 경영혁신팀장까지 오른 잘 나가는 간부였다. 그렇다면 그런 그가 왜 생고생하면서까지 책을 쓴 이유는 무엇일까?

그는 마흔에 접어들면서 종종 자기 자신에게 이런 질문을 던졌다.

'나 자신은 누구인가?'

'3년 후에 나는 이곳에서 어떤 모습일까?'

이 질문은 대부분의 사람들이 꺼리는 질문들이다. 하지만 그는 그 질문들의 답을 찾기 위해 고민을 거듭했다. 그러자 변화에 관한 책을 쓰면서 새로운 삶을 살아보면 어떨까, 라는 생각이 스쳤다. 사실 '변화'는 자신에게 가장 절실한 문제인 동시에 가장 잘 아는 분야였다. 당시 회사에서 맡고 있던 업무가 '변화경영'이었기 때문이다. 고민 끝에 그는 회사를 떠나야겠다는 결심을 하게 되었다.

그리고 그동안 마음에 두고 있었던 변화경영전문가로 전향하는 계획을 실행에 옮겼다. 그는 그동안의 직장에서 맡았던 변화경영을 통해 직장인들이 왜 좌절하고 힘들어하는지, 그리고 무엇 때문에 즐겁고 희망을 갖는지 잘 알고 있었던 것이다.

그는 새벽 시간을 인생에서 가장 효율적인 시간으로 활용했다. 2년이라는 기간 동안 매일 새벽4시에 일어나 집필한 덕분에 첫 책《익숙한 것과의 결별》을 출간할 수 있었다. 이 책은 출간되자마자 베스트셀러가 되었다. 퇴직하기 3년 전에 만들어낸 결과물이었다.

이후 2년간 각각 1권씩의 책을 펴냄으로서 자기검증과정을 마칠 수 있었다. 그 후 쇄도하는 강연 요청과 책에 대한 반응은 폭발적이었다.

구본형은 저서《구본형 필살기》에서 다음과 같이 고백한다.

"1997년 여름 이후, 나는 매일 새벽 두세 시간은 글을 써왔다. 한 해에 글만 쓰는데, 대략 1000시간 내외를 투입하고 있다. 최근 10년 동안은 열다섯 권의 책을 냈다. 모두 새벽에 투자한 시간 덕분이다. 나는 하루의 어느 시간보다도 이 새벽시간을 신성하게 생각한다. 이 시간은 모든 시간에 우선한다. 늘 나의 하루는 22시간이라고 말하곤 한다. 언제나 이 시간을 먼저 떼어 놓고 하루를 시작하기 때문이다."

그는 새벽 시간을 활용해 책을 쓰기 전에는 20년간 평범하게 시간을 보내던 직장인에 불과했다. 시간적으로, 경제적으로 자유롭지 못했지만 그가 매일 새벽 두 시간을 떼어서 책을 쓴 후 인생은 백팔십도로 달라졌다. 그는 비범한 사람은 태어나는 것이 아니라 만들어진다는 것을 몸소 증명해 보인 사람이다. 그리고 또 하나 그가 우리에게 확인시켜준 것이 있다. 바로 누구나 '하고 싶은 일을 하면서도 충분히 먹고 살 수 있다'는 것이다.

구본형은《구본형 필살기》에서 "평생 현역으로 나를 먹여 살릴 필살기를 가져야 한다."라고 말한다. 회사는 나를 고용했지만 끝까지 책임져주지 않는다는 것이다. 따라서 회사나 직책을 버리고도 세상에 우뚝 설 수 있어야 비로소 내 인생에서 주인공이 될 수 있다. 그런 인생을 살기 위해선 나의 강점으로 무장된 필살기를 갖추어야 한다는 것이다.

책을 쓰고, 강연하고, 칼럼을 쓰며 가슴 뛰는 인생을 사는 그는 다음 5단계를 통해 자신만의 필살기를 갖출 수 있었다.

1단계는 지금 하고 있는 일을 20개의 테스크로 쪼갠다. 일을 세분화해보면 한눈에 보일 뿐 아니라 지금껏 무심히 해왔던 업무를 새로운 시각을 갖고 들여다 볼 수 있다.

2단계에서는 필살기를 완성시키는 결정적인 두기준인 적성과 중요도를 파악한다.

3단계에서는 네 개의 업무 영역으로 테스크를 분류하는 중요도/강점 메트릭스를 통해 집중투자 할 핵심 업무를 뽑아낸다. 이때 '중요하고 급한 일'을 먼저 하기보다 '적성에 맞는 일'을 회사에서 가장 잘하기 위해 노력한다.

4단계는 나에게 어떤 일이 평생 직업이 될까를 고민한다.

5단계는 평생 직업을 찾았으면 두려워하지 말고 실행에 옮긴다. 그리고 될 때까지 계속 한다.

나는 한 가지 더 강조하고 싶은 것이 있다. 반드시 새벽 두 시간을 확보해서 가장 창의적인 일을 하라는 것이다. 사람마다 창의적인 일이 다를 수 있지만, 나의 경우 새벽 시간을 활용해 독서와 생각, 책을 썼다. 그런 날들이 축적이 되자 어느 순간 과거와는 비교할 수 없을 만큼 달라졌다.

지금보다 더 나은 인생을 원한다면 그동안 익숙한 것들과 결별해야 한다. 오롯이 나만을 위한 새벽 시간을 활용해 새로운 것들을 배우고, 익혀야 한다. 이런 과정에서 잠재력을 깨닫게 되는가 하면 능력이 극대화되고 최고의 성과를 발휘하게 된다. 뿐만 아니라 나를 성공으로 이끄는 다양한 기회도 생겨난다.

요가 박사로 알려진 원정혜가 있다. 그녀 역시 새벽 시간을 통해 눈부신 인생 2막을 창조할 수 있었다.

"인간의 몸이 자연의 정기를 받아들이기 가장 좋은 시간인 새벽 3~5시 사이에 일어나 기도를 한다. 이 시기는 호흡을 통해 천기를 받아들이게 돼 머리에 지혜가 샘솟는다. 새벽 5~7시는 두뇌가 가장 총명해지는 시간이므로 그날 필요한 가장 중요한 정신활동을 하는 것이 좋다. 서서히 양기가 활성화되면서 암기력과 창의력, 집중력이 향상된다. 운동을 하기에는 아까운 시간이다."

원정혜의 말에서 성공자들이 하나같이 새벽형 인간인 이유를 찾을 수 있다. 새벽 시간은 갈수록 인생을 내편으로 만들어주는 마법과 같다.

피아니스트 아르투르 루빈스타인은 "하루를 연습하지 않으면 내가 알고, 이틀을 연습하지 않으면 오케스트라가 알고, 사흘을 연습하지 않으면 세상 모두가 안다."라고 말했다.

매일 남들보다 두세 시간 일찍 일어나 가장 중요한 일을 꾸준히 하라. 사소하게 보이는 그 두세 시간이 몇 년 후 당신을 또 다른 나로 만들어줄 것이다.

끝으로 구본형 소장의 말을 기억해보라.

"새벽 두 시간을 떼어 내어 가장 좋아하는 일을 하라. 하루를 좋아하는 일로부터 시작한다는 것 자체가 축복이며, 이로 인하여 하루 전체가 여유로워진다."

04

명품 인생을 만드는 10년 법칙

공병호경영연구소 공병호 소장

새벽 시간을 활용해 눈부신 인생 2막을 창조한 사람들이 많다. 그 가운데 대한민국 최고의 자기 경영 전문가로 손꼽히는 공병호 박사가 있다.

공 박사는 잘 알려진 대로 경제학박사이다. 1979년 고려대 경제학과에 입학해 1983년 졸업한 뒤 미국 텍사스 주 휴스턴에 있는 라이스대에서 경제학 박사학위를 마쳤다. 이후 1988년부터 1990년 5월까지 국토개발연구원에서 근무했다. 그리고 한국경제연구원에서 1990년 6월부터 1997년 3월까지 거의 7년 동안 연구위원·산업연구실장 등을 거치면서 자유주의자로서 기본적 소양과 토대를 굳힐 수 있었다. 1997년 4월 자유기업센터 초대 소장을 맡기도 했다.

2000년 2월에는 개인후원자 300명과 기업후원자 150명으로부터 기부금을 받아 총 150억 원을 웃도는 기금을 바탕으로 재단법인 자유기업원을 출범시키기도 했다. 1년 후, 그는 오래전부터 꿈꾸었던 자신의 이름을 내건 공병호경영연구소를 설립하기로 결심했다. 물론 그가 무턱대고 개인 연구소 설립을 결심했던 것은 아니다. 그는 누구보다 치밀하고 야무진 사람이다.

그는 다음 세 가지 계획을 세웠다.

① 미국의 피터 드러커, 일본의 오마에 겐이치, 프랑스의 자크 아탈리와 기 소르망 등을 벤치마킹한다.
② 경영과 경제 전반에 대해 대중적 글을 쓴다
③ 강연 · 기고 · 방송 · 경영컨설팅 등으로 새로운 영역을 개척해 나간다.

당시의 세 가지 계획이 지금의 그를 있게 하는데 있어 토대가 되어주었다. 이 세 가지 가운데 두 가지는 이미 실현했고, 첫 번째는 실현해나가고 있다.

공 박사는 2010년 「월간중앙」 박미숙 기자와의 인터뷰에서 회사를 나오게 된 계기에 대해 이렇게 말했다.

"자유기업센터를 독립시키는 과정에서 젊은 부자들을 많이 만났습니다.

그들과의 만남은 제게 신선한 충격과 동시에 가치의 위기를 느끼게 했죠. 세상의 변화를 감지한 것입니다. 지금껏 제가 살아온 삶이 전부가 아니라는 회의가 들었어요. 경제력이 곧 파워라는 사실을 깨달았던 거죠. 경제력으로부터 자유로운 사람은 없잖아요? 제가 가지고 있는 젊음의 힘을 공적 임무에만 수행하는 것은 시간낭비라는 생각이 들었습니다.”

공 박사는 연간 5~6권의 책과 300~400건의 기고를 쓰고 200~300회의 강연을 소화하는 것으로 유명하다. 나는 그를 보면서 혼자서 어떻게 그 많은 일들을 해낼 수 있을까 하는 의문이 들었다. 의문의 답은 바로 '새벽'에 있었다.

공병호 박사는 모두들 잠들어 있는 새벽 3~4시에 기상한다. 시간을 최대한 활용하기 위해서이다. 그는 자신의 성공 비결로 새벽 시간 활용을 통한 끊임없는 자기 계발이라고 말한다. 공 박사는 매일 자신과 약속을 한다. 매일 기상 후 그날의 계획을 세우고, 실행하기 위해 노력하고 수시로 체크한다. 또 잠자리에 들기 전에는 그날의 계획을 실행하기 위해 무엇이 더 필요했을지, 더 나은 방법은 없었는지 체크한다. 이런 사소한 것들이 모여 지금 그의 인생을 성공궤도로 올려놓았다.

그는 다작하는 작가로 알려져 있다. 그는 그동안 100여 권에 가까운 책을 펴냈다. 그가 이토록 많은 책을 펴낼 수 있었던 비결은 마른 수건 짜내듯 자투리 시간을 활용했기 때문이다. 평소 지독한 독서광인 그는 매일 1권 이상 책을 읽는다. 연간 300~400권을 읽는 것으로 알려졌다. 관심 분야도 다양해 경영과 리더십 관련 서적은 물론 역사와 문화 할 것 없이 모든 분야를 아우른다. 그는 책을 읽으면서 쓰고 싶은 주제를 찾기도 한다.

"다양한 분야의 책을 다독하기 때문에 강의 스펙트럼이 넓고 강의 주제가 늘어날수록 저술 가능한 책도 많아집니다."

독서광인 만큼 그의 사무실이자 주거공간인 가양동 자택은 현관입구부터 거실과 방 모두 책으로 가득 차 있다. 그야말로 도서관을 방불케 한다.

현재 공병호 박사가 90분 외부강연을 하고 받는 강연료는 평균 200~300만원에 달한다. 하루 두 번 강의하면 그 수입이 보통 사람의 월급을 상회한다. 평일에는 외부로 강연을 다니지만 주말에는 고양시에 위치한 레스토랑 '오월의 향기' 세미나실에서 '공병호 아카데미'를 운영한다.

현재 그에게 '집필의 달인'이라는 수식어가 따라붙을 정도로 많은 책을 펴낸다. 그는 다작을 할 수 있는 그 비결로 '새벽형 인간' 생활을 꼽는다. 매일 새벽에 일어나 아침까지 3시간 동안 글을 쓰는 '집중력'

과 '규칙적인 습관'을 실천한다. 그래서일까, 그는 새벽형 인간이 되지 않고선 절대 자신의 분야에서 성공할 수 없다고 말한다.

그는 새벽에 기상하기 위해 일찍 일어나 집필하고, 강연을 나갔다가 오후 10시면 어김없이 집에 들어와 잠을 청하는 규칙적인 생활을 한다. 운동은 시간이 없어 집에서 틈틈이 러닝머신을 이용한다. 절대 술, 담배는 하지 않는다. 그는 특히 1인 기업가는 자기관리가 철저해야 한다고 생각하기 때문이다.

현재 그는 자신의 삶이 너무나 즐겁고 행복하다고 말한다.

"저는 지금 자유롭습니다. 제 스스로 돌아봤을 때 꽤 괜찮게 나이를 먹어가는 것 같아요. 누구에게 보고하고 명령받을 필요도 없고, 내가 만든 의견과 주장에 대해 누군가를 의식할 필요도 없습니다. 제가 어떤 조직이나 기관에 속해 있다면 지금처럼 사는 것이 힘들었을 거예요. 지금 제게 주어진 자유는 젊었을 때 열심히 준비한 인생을 살았기 때문이라고 자부합니다.

누군가 새로운 인생을 지금 다시 시작하고 싶다면 자신이 어떻게 살아왔는지 먼저 되돌아봐야 합니다. 그 이후 자유를 유지하는 비결은 스스로 정한 자기 인생의 스케줄을 잘 지키는 것이죠."

그는 사람들에게 홀로서기 성공 법칙으로 '10-10-10' 원칙을 강조한다. 인생을 크게 10년 단위로 나누어 항상 10년 후의 삶에 대비하라는 것이다. 그는 새로운 10년을 맞는 2010년 1월 4일 자신의 미니홈피에 '첫 출근길'이라는 제목의 글에서 '10-10-10'의 원칙을 다시 한 번 언급하기도 했다. 시사하는 바가 크다는 생각에 소개할까 한다.

"'10-10-10'이라는 숫자가 떠오른다. 내 인생에서 처음 '10'은 고교시절·대학시절·유학시절을 합쳐 얼추 10년 동안의 준비기간이 있었다. 다음의 '10'은 한두 번 정도의 전직을 통해 자리를 잡을 수 있는 직장을 잡고 그곳에서 전력투구하면서 보낸 10년이었다. 전문가로서 평생을 살아갈 수 있는 지적 토대와 내 자신의 브랜드를 만들어 내는 기간이었다. 끝으로 '10'은 2001년부터 시작되는 10년으로, 조직생활을 청산하고 자신의 일을 통해 스스로를 만들어 가는 10년이었다. 그동안의 삶과는 완전히 다른 또 다른 10년이었고, 그 10년의 후반기에 접어들면서 앞과 뒤, 좌와 우를 둘러볼 수 있는 여유를 가질 수 있는 시간이었다. 우연의 일치일 수도 있지만, 지나온 30여 년의 세월 동안 10년 터울로 삶의 굵은 매듭을 지어왔다. 이제 나이는 장년기에 접어들었고 '앞으로 10년을 나는 어떻게 살 것인가'라는 질문을 내 자신에게 진지하게 던져보게 된다. 젊은 날보다는 불확실함은 훨씬 줄어들었지만 반면에 선택 가능한 대안들도 한층 줄어들게 됐다. 훤히 보이는 선택 대안들 가운데 자신의 북소리에 맞추어서 충실하게 살아가는 일이 내 인생의 남은 과제다. 10년이란 시간은 물리적으로는 그렇게 긴 시간처럼 보이지 않지만 한 사람의 삶에 있어서는 굵직한 족적을 남길 정도로 긴 시간이었다. 그렇다면 앞으로 10년도 분명히 그럴 것이다."

공병호 박사는 명예퇴직이나 은퇴를 하고 나서야 노년을 계획하는 것은 위험하다고 말한다. 사실 많은 사람들이 준비가 되어 있지 않은 상황에서 명예퇴직이나 은퇴를 한다. 그들에게 암울한 인생 2막이 시작된다. 따라서 준비가 되어 있지 않은 은퇴는 축복이 아닌 재앙이다.

"회사는 언제든 나를 내보낼 수 있습니다. 그것이 조직입니다. 조직의 생존논리에 대해 섭섭해 하면 안 돼요. 오너가 아니고서야 능력이 안 되면 누구나 나갈 수 있는 것 아닙니까? 이런 명백한 이론 속에서 사는 우리가 준비하지 않는 것은 본인의 인생과 가족 부양의 책임에서 일종의 직무유기에 해당합니다."

공병호 박사의 10년 전 일기장에는 10년 후 자신의 모습이 구체적으로 적혀 있다. 그는 한 인터뷰에서 10년 전 일기장에 적어 놓았던 2010년 목표매출액을 이미 달성했다고 말한 바 있다.

"저는 10년 전 일기장에 적어 놓았던 2010년 목표매출액을 이미 달성했습니다. 마지막까지 나를 지켜주는 것은 '자기 경영'입니다. 사람들이 새로운 길을 걸을 때 실패하는 가장 큰 이유는 바로 자신이 스스로 무너지기 때문이죠. 자신만 무너지지 않는다면 살 길은 반드시 있습니다. 초조·불안·조바심·두려움. 이런 것들은 삶을 사는 데 필요악입니다. 자기 사업을 하는 이는 항상 두렵지만 스스로 극복해나가야 합니다."

공병호 박사의 목표는 세계적인 경제학자이다. 세계적 경영학계의 대가인 피터 드러커, 짐 콜린스, 톰 피터스 등과 어깨를 나란히 하는 것이다. 자기 자신을 기업이라고 말하는 그는 '1인 기업'이다. 현재 그는 강연, 출판 등을 통해 성공한 중소기업만큼의 수입을 올리고 있는 것으로 알려졌다.

그가 지금처럼 자신의 분야에서 최고가 될 수 있었던 것은 새벽 시간을 생산적으로 활용했기 때문이다. 오늘도 그는 새벽에 기상해서 책을 읽고 글을 쓴다. 새벽 시간 2시간이 낮의 5시간과 필적한다고 말하는 공 박사의 성공 비결은 새벽에 있다.

05

아침은 아이디어를 낳는 황금 거위

(주)신원 박성철 회장

"이른 아침은 여러 창의적이고 다양한 아이디어가 나오기에 좋은 시간이죠. 회사에 중요한 의사 결정이나 회의 또한 아침 시간에 이뤄집니다."

신원그룹 박성철 회장은 전라남도 신안에서 출생했다. 이후 목포고등학교를 졸업하고는 무작정 서울로 상경했다. 그는 무작정 서울로 올라온 탓에 가진 돈이 없어 남산에서 노숙하며 며칠을 보냈다. 그러던 중 한 친구의 소개로 학생들을 대상으로 과외를 하게 되었다. 그는 과외를 하면서 알뜰하게 돈을 모아 한양대학교에 진학했다. 하지만 대학에 들어가서도 돈을 벌기 위해 닥치는 대로 아르바이트를 해야 했다. 한 번은 한국경제신문사에서 교열기자를 뽑는다는 모집공고를 보게 되었다. 그는 모집공고에 응시했고 합격했다. 그 덕분에 교열기자 생활을 하면서 2년 동안 대학에 다닐 수 있었다. 그는 주어진 일에 만족하며 최선을 다했다. 그러자 그에게 행운이 다가왔다. 그 당시 한국경제신문의 데스크가 그에게 경제부 기자직을 맡긴 것이다. 기자직은 그에게 훗날 섬유업계로 진출하는 징검다리가 되어주었다. 그는 섬유업계를 취재하며 그 계통의 생리를 차츰 파악했다. 경제부 기자로 근무하면서 향후 무역업이 전망이 있다고 판단한 그는 1973년 스웨터 수출을 시작으로 사업전선에 뛰어들기로 마음먹었다. 그는 31세에 결혼한 뒤 3년 후 마침내 기자생활을 그만두었다. 하지만 기자생활에 불만족했던 것은 아니었다. 처가에서 운영하던 스웨터공장을 인수해서 본격적으로 섬유사업에 뛰어들기 위해 그만둔 것이다. 스웨터공장은 고작 자본금이 500만원에다, 종업원도 4명에 불과한 아주 영세한 가내수공업 형태였다. 그가 인수할 당시 공장은 심각한 경영 위기를 맞고 있었다. 그는 공장을 다시 일으켜 세우기 위해 밤낮을 가리지 않고 일했다. 그는 밤늦게 일이 끝나면 지친 몸을 이끌고 야전침대에 누워 새우잠을 자곤 했다. 공장이 작다보니 그는 직접 기계를 조립하거나 홍보 및 세일즈도 도맡아해야 했다. 하지만 시간이 지날수록 경영난은 해소되지 않고 오히려 점점 가중되었다. 일이 뜻대로 되지 않자 그는 하루가 멀다 하고 술을 마셨고 담배도 하루에 3갑씩이나 피웠다. 이런 경영난은 3년이나 이어졌다.

하지만 박 회장은 이런 어려움에도 불구하고 우리나라 섬유업계의 간판스타로 우뚝 섰다.

그는 어려운 공장을 일으켜 세우기 위해 생활패턴을 바꾸었다. '저녁형 인간'에서 '새벽형 인간'으로 바꾼 것이다. '새벽형 인간'이라는 수식어는 그를 위해 존재한다고 해도 과언이 아니다.

그가 일어나는 시간은 무려 오전 4시. 그동안 회사를 경영하면서 숱한 어려움을 겪었다. 그런 과정을 통해 스스로를 돌아보고 미래를 설계하는 '나만의 시간'을 가지기 위해 새벽형 인간 생활을 하게 된 것이다.

이렇게 일찍 기상할 수 있는 것은 평소의 건강한 생활습관 덕분이다. 그의 '새벽 기상' 비결은 생활습관과 무관하지 않다.

"규칙적으로 식사를 하고 술과 담배를 하지 않습니다. 꾸준한 운동도 일찍 일어나는 데 도움이 됩니다."

그는 다음 날 일어날 것을 생각해서 술과 담배를 하지 않는다. 이처럼 그는 철저한 자기관리를 해오고 있다.

그가 고요한 새벽에 신앙 활동을 하며 자신을 뒤돌아보는 시간을 가진 지 벌써 30년째이다. 그는 이런 새벽형 인간생활이 체화되었기 때문에 일찍 기상하는 것이 그다지 어렵지 않다고 밝혔다.

매일 중요한 중대한 결정을 두고 고민해야 하는 대부분의 CEO들은 만성 스트레스에 시달린다. 하지만 박 회장은 남들이 모두 잠들어 있는 고요한 새벽에 명상이나 신앙생활을 하며 마음의 평안을 찾는 것으로 '몸 건강'과 '마음 건강' 두 마리 토끼를 잡는다. 한때 '신원'은 계열사 16개를 거느린 어엿한 중견그룹이었다. 외환위기 전 16개 계열사를 거느린 총매출 2조원대의 중견 그룹 회장으로 승승장구했던 '신원'은 외환위기라는 결정타에 휘청했다. 30대 그룹 진입이 눈앞에 있었지만 모든 것이 한순간에 날아가 버리는 순간이었다.

박 회장은 이를 계기로 회사의 오너에서 전문경영인으로 변신했다. 그의 뛰어난 리더십 덕분에 신원은 외환위기를 무사히 이겨낼 수 있었다. 지금 그는 개성공단 입주와 해외시장 진출로 제2의 전성기를 맞고 있다.

그의 경영철학은 '믿음'이다. '믿음 으뜸'이라는 회사명에 그의 철학이 고스란히 담겨 있다. 그는 독실한 기독교인이기도 하지만 윤리와 도덕을 지켜 사회로부터 믿음을 얻는 것을 가장 중요시한다. 과테말라의 니트 공장을 비롯해 인도네시아, 중국 칭다오, 베트남 등의 해외공장도 이 같은 믿음에 바탕을 둔 현지화 전략으로 성공을 거두고 있다.

박 회장은 전형적인 '새벽형 CEO'이다. 새벽 4시에 일어나 기도로 하루 일과를 시작하는 박 회장의 취미는 성경 읽기다. 이는 신원그룹이 모토로 내세우고 있는 '믿음경영', '정도경영', '선도경영' 역시 성경 내용을 실천하기 위함이다.

그는 하루도 거르지 않고 전 매체 신문을 통독한다. 뿐만 아니라 그는 하루 평균 2시간 이상 독서를 하는 것으로 유명하다. 그는 신문과 책을 통해 새로운 정보와 아이디어를 얻는다.

그는 매우 어려웠던 시기인 외환위기 때 섬유산업연합회장직을 겸임했다. 그는 섬유산업은 사양 산업이 아니라는 신념으로 위기를 기회로 만드는데 주력했다. 이 과정에서 그는 서울과 상하이에서 전시회를 개최해 섬유패션업체들이 해외시장에 진출하는 등의 쾌거를 이루었다.

그는 새벽 기도와 성경 봉독을 마친 후 오전 6시 30분 쯤 집을 나서 서울 마포 사무실로 출근한다. 회사에 제일 먼저 출근하는 사람도 바로 그다. 그는 세계 각지에 나가 있는 해외 법인을 점검하는 것으로 업무를 시작한다. 과테말라와 같은 해외 직원들에게 직접 전화를 걸어 격려하는 것도 잊지 않는다.

박 회장은 자신의 기상시간에 대해 이렇게 말했다.

"아침은 여러 창의적이고 다양한 아이디어가 나오기에 좋은 시간이죠. 회사에 중요한 의사 결정이나 회의 또한 아침 시간에 이뤄집니다."

새벽형 인간인 박성철 회장. 그는 고요한 새벽만큼이나 다정다감하다. 그는 엘리베이터에서 만난 여직원들에게 먼저 인사를 건넨다.

"요즘 어때요?", "요즘 날씨 많이 덥죠?"

이런 그의 모습은 근엄한 회장님보다는 '자상한 회장님' 이라는 이미지가 가깝다.

박성철 회장은 누구보다 힘든 시절을 보냈다. 남산에서 이슬을 맞으며 노숙했을 정도였으니 그 고통은 짐작하고도 남는다. 하지만 지금의 박 회장에게는 성공한 사람만의 여유가 묻어난다.

그가 지금과 같은 성공을 이룰 수 있었던 비결은 무엇일까? 성공에 대한 '믿음' 과 '새벽형 인간 생활' 을 꼽을 수 있다. 성공에 대한 믿음이 그에게 '희망' 이라는 끈을 놓지 않게 했다면, 새벽은 그에게 아이디어 제공 및 회사의 중요한 의사 결정을 내리는데 한몫했을 테니까.

나는 '새벽형 인간' 인 그가 인간적으로 느껴진다. 무엇보다 그가 걸어온 길을 따라가다 보면 성공은 특별한 사람만의 것이 아니라는 것을 깨닫게 된다. 이런 깨달음은 '나도 성공할 수 있다' 는 자신감으로 변화된다.

06

시련은 있어도 실패는 없다

현대그룹 고(故)정주영 회장

월간지 《현대 경영》에서 우리나라 100대 기업 CEO 40명을 대상으로 한 조사결과, 평균 기상 시간은 5시 45분, 평균 출근 시간은 7시 47분으로 나타났다. 그들은 하루 중 아침을 생산성이 가장 높은 때라고 여긴다. 잘나가는 CEO들 중에 유독 새벽형 인간 생체리듬을 가진 사람이 많은 것은 이 때문이다.

새벽 시간을 가장 생산적으로 활용한 CEO로 고(故)정주영 현대그룹 회장을 꼽을 수 있다.

"어떤 일을 할 때는 경력이나 학벌이 일을 하는 것이 아니고, 그 시점에서 그 사람의 마음가짐과 자세가 일을 한다. 어려운 일이 있으면 문제를 해결하기 위해 혼신의 노력을 기울여야 한다. 극복하지 못할 이유는 존재하지 않는다. 따라서 노력하는 사람에게는 이유 같은 것이 아무 문제도 되지 않는다."

정주영 회장의 말이다. 정 회장은 젊은 시절 새벽 3시에 일어나 해 뜨기를 재촉한 전형적인 새벽형 인간이었다. 그의 집에 걸려 있던 '일 근천하 무난사(一勤天下 無難事, 한결같이 성실하면 천하에 어려운 일이 없다)' 라는 글귀를 통해서도 정 회장의 성실함을 엿볼 수 있다.

언젠가 인터뷰를 청한 기자에게 새벽 4시에 찾아오라고 했다는 일화가 있다. 그만큼 그는 성공의 비결을 '성실함' 이라고 여겼다. 그가 생각하는 성실함은 모든 사람들이 잠들어 있는 새벽시간에 깨어 하루를 계획하는 것이다. 새벽을 활용하면 하루를 세 배로 살 수 있기 때문이다. 그러면 자연히 생산성뿐만 아니라 소득도 높아지게 마련이다.

그는 성실함 덕분에 한낱 쌀가게 종업원에서 세계 유수의 그룹 총수가 될 수 있었다. 그렇다보니 누군가를 판단할 때 성실성이 첫 번째 기준이 되었다.

고 정주영 회장은 1915년 11월 강원도 통천군 송전면 아산리에서 빈농의 여덟 남매 중 맏아들로 태어났다. 유교적 가풍 속에서 성장한 그는 자연스레 동양적 사고와 인생관을 갖게 되었다.

부모님은 새벽부터 늦은 밤까지 일밖에 모르는 가장 부지런한 사람으로 소문이 자자했다. 그에게 있어 고향은 딱히 농사일 말고는 할 일이 없었다.

서당에서 3년 동안 한문학을 배웠고 1931년 송전보통학교를 졸업했다. 하지만 그 후에도 농사꾼으로서의 모습 말고는 생활에 어떤 변화도 일어나지 않았다.

그는 장남으로서 동생들에 대한 책임을 무겁게 생각했다. 평소 아버지는 그에게 버릇처럼 일렀다.

"맏이는 부모와 같으니 아버지처럼 동생들을 보살피고 가정을 이루도록 도와야 하며 항상 열심히 일하도록 독려해야 한다."

하지만 그는 16살에 가출해 무작정 서울로 상경했다. 서울에 올라온 그가 찾은 일자리는 '풍전 엿 공장'이었다. 잡역부로 일하며 기술을 배우기 위해 참고 견뎠지만 일 년 뒤에 그만두고 1934년, 쌀 소매점인 '복흥 상회'에 취업했다. 미곡상 배달부로 일하면서 주인으로부터 성실성을 인정받아 장부 정리를 맡게 되었다.

주인은 게으르고 낭비벽이 심한 아들 대신 그에게 쌀가게를 넘겨주고 사업에서 물러났다. 마침내 그는 신당동에 쌀가게 '경일 상회'를 차렸다. 돈 한 푼 없이 오직 성실성 하나로 사업체를 갖게 된 것이다.

그러나 일제의 가혹한 전시통제로 쌀가게는 문을 닫아야만 했다. 고향에 돌아온 그는 그동안 모은 돈으로 아버지에게 논 2000여 평을 사드렸다.

이듬해 초, 다시 상경한 그는 새로운 사업을 계획하던 중 우연히 쌀가게 단골로 안면이 있는 이을학을 만났다. 그는 아현동 고개에 있는 자동차수리공장 '아도서비스'가 매물로 나왔다고 귀띔해 주었다. 직공을 모아줄 수 있다는 그의 말에 용기를 얻어 자본을 모아 아도서비스를 인수하여 합자회사 아도서비스를 출범시켰다.

그러나 불행하게도 공장 문을 연 지 얼마 되지 않아 불의의 화재사고로 일순간에 건물이 잿더미로 변하고 말았다. 이로 인해 공장뿐만 아니라 고객이 맡겨놓은 자동차까지 태워버려 빚더미에 올라앉게 되었다. 불행 중 다행으로 삼창정미소의 오윤근의 재정적인 도움으로 재기에 성공할 수 있었다.

아도서비스의 짧은 수리기간과 뛰어난 수리 실력이 있었기에 가능했다. 그러던 중 태평양전쟁이 터지고 '기업 정리령'이 내려져 전국의 모든 공장이 통폐합되어 전쟁수행체제로 전환되었다. 그리하여 승승장구하던 아도서비스도 일진공작소에 흡수되고 말았다.

해방을 맞은 지 한 달쯤 지나 그는 적산회사에 다니며 새로운 사업을 구상했다. 미군정이 적산회사 대지를 처분할 때 중구 초동 106번지의 대지를 불하받아 재기의 발판을 마련했다. 그는 이곳에 '현대 자동차 공업사'라는 간판을 내걸고 자동차 수리업을 시작했다. 자동차 수리의 경험이 풍부하고 기술도 뛰어나 고객들로부터 신망을 얻었다. 얼마 지나지 않아 30명으로 출발한 회사는 80명에 이를 정도로 성장했다.

곧 그는 현대건설의 모체가 되는 현대 토건사를 창업, 건설업에 뛰어들었다. 현대 토건사는 현대건설이 세계 굴지의 건설업체로 발돋움하는데 초석이 되어주었다.

그는 현대를 통해 남북화합과 통일을 앞당기기 위해 노력했다. 평소에 그는 필생의 사업을 '금강산 관광사업'이라고 말하곤 했다. 이런 그의 바람은 마침내 이루어졌다. 84세의 고령에도 불구하고 1998년 북한의 최고지도자인 김정일 국방위원장을 만나 금강산 관광사업뿐만 아니라, 반세기 동안 굳게 닫혀 있던 휴전선을 넘어 소떼를 몰고 판문점을 넘어 남과 북의 평화의 물꼬를 틀 수 있었다.

정주영 회장은 새벽형 인간으로 잘 알려져 있다. 그가 새벽형 인간 생활 패턴을 가졌던 데는 어느 정도 부지런한 부모님과 장남이라는 환경적인 영향도 컸을 것이다. 그러나 그보다도 더 중요한 이유가 있다. 그는 고향에서 자신이 할 수 있는 일은 농사 말고는 아무것도 없다는 것을 깨닫고는 무작정 서울로 상경한 것이다. 서울에서 맨몸으로 부딪혀 일하는 것 말고는 달리 방법이 없는 그에게 시간은 원하는 것을 이룰 수 있는 기회였다. 그런 그가 새벽형 인간이 된 것은 어쩌면 당연한 이치인지 모른다.

새벽형 인간들 중 대부분은 긍정적이고 진취적이다. 때로 시련이 닥치더라도 포기하기보다 맞부딪혀 극복하려는 뚝심을 가지고 있다. 세상에 노력하면 안 되는 일은 없다고 생각하는 사람들이 바로 새벽형 인간이다.

누군가 당신에게 "사진 한 장을 보여주고 천 억 원의 돈을 빌려올 수 있는가?"라고 물었다고 가정해보라. 그러면 당신은 정신 나간 사람으로 여길 것이다. 그러나 사진 한 장만으로 우리나라 최초의 조선소를 지은 사람이 있다. 바로 정주영 회장이다.

1972년 정주영 회장은 조선소 건설을 위한 차관을 빌리기 위해 소나무와 초가가 보이는 울산조선소 부지 사진 한 장만 들고 영국 버클레이 은행을 방문했다.

"돈을 빌려주면 여기다 조선소를 지어서 배를 팔아서 갚겠습니다."

그러자 은행장이 미심쩍은 듯 물었다.

"도대체 배를 만들어 본 경험은 있습니까?"

정 회장은 거북선 그림이 그려있는 우리나라 지폐를 한 장 꺼내 보였다. 그리고는 당당하게 말했다.

"우리나라는 1500년대에 이미 거북선을 만든 나라입니다."

기가 질린 은행장은 까다로운 조건을 하나 걸었다.

"앞으로 당신이 만든 선박을 사겠다는 사람이 나타난다면 차관을 주겠습니다."

사실상 이는 거절한 것과 다름없었다. 하지만 정주영 회장의 불도저 정신은 여기서 어김없이 발휘되었다.

정 회장은 스코트 리스고 조선소에서 26만 톤급의 선박 설계도면을 한 장 빌려서 마침 파리에서 휴가 중인 세계적인 선박왕 리바노스를 찾아갔다.

"당신이 배를 사겠다고 계약해주면 이 계약서를 담보로 은행에서 돈을 빌려 조선소를 지어서 배를 만들겠습니다."

정 회장은 "현대가 만드는 첫배를 당신한테 바치는 영광을 달라"는 말도 잊지 않았다.

정 회장의 저돌적인 마케팅에 감탄한 그리스 3대 선주의 한사람인 리바노스는 선박건조 경험은커녕 조선소조차 없는 현대에 26만 톤급 유조선 두 척을 주문했다. 이 계약 덕분에 정주영 회장은 영국에서 차관을 빌려 울산의 한쪽에는 조선소를 짓고, 다른 한쪽에서는 유조선을 건조해 2년 3개월 만에 완공할 수 있었다.

정주영 회장은 쌀가게 시절부터 누구보다 먼저 일어나 문을 열고 점포를 정리했다. 뿐만 아니라 배달을 갔다 온 후에도 틈틈이 빗자루로 가게 앞을 청소할 정도로 부지런했다. 훗날 그는 현대그룹 회장으로 재직하고 있을 당시에도 새벽 5시에 기상해 7시면 회사로 출근했다.

정 회장은 부하직원을 야단칠 때 늘 "빈대만도 못한 놈!"이라며 호통을 치곤했다. 그것은 부두 노동자 시절 몸으로 익힌 자신의 철학이 담긴 훈계였다. 부두 노동자 시절, 몸에 기어오르는 빈대를 피하기 위해 네 개의 물그릇에 상다리를 담그고 상위에서 잠을 자던 그는 며칠 되지 않아 다시 빈대에게 시달리게 되었다. 살펴보니 빈대들이 벽을 타고 올라가 천정 위에서 몸으로 뛰어 내린 것이었다. 그 후로 그는 "빈대도 머리를 쓰면 되는데, 사람이 못할 것이 없다."라고 생각하게 되었다.

정 회장은 아무도 생각하지 못한 파격적인 아이디어로 사업을 성공으로 이끌었다. 한겨울 보리를 심어 잔디를 대신 했던 부산 UN묘지 공사, 폐 유조선으로 단번에 물길을 막았던 서산 간척지 공사. 그의 성공은 고정관념을 깨뜨리는 신선한 발상에서 비롯되었다. 그가 이런 발상을 할 수 있었던 것은 새벽시간에 문제에 대한 해답을 찾으려고 노력한 덕분이었다. 그리하여 정 회장은 새벽시간에 활발하게 작동하는 창의력과 상상력으로 불가능을 가능으로 바꿀 수 있었다.

정주영 회장은 아침 6시 30분이면 임원 사무실로 전화를 걸었다고 한다. 만약 현대그룹 임원들이 아침 6시 30분까지 그날 업무 파악을 하지 않으면 그날로 보따리를 싸야 했다.

인생은 '시간과의 싸움'이다. 할 일은 많고 시간은 짧다. 그렇다면 방법은 하나이다. 시간의 블루오션을 활용해 하루를 세 배로 사는 것이다. 새벽형 인간의 대열에 합류하는 것이다.

고요한 새벽에 직면한 문제에 고민하거나 하루의 계획 또는 미래를 설계해보라. 가슴속에 희망과 자신감으로 가득 찰 것이다. 그러면 자연히 생산성은 증대되고 인생의 성공지수 또한 상승곡선을 그리게 된다.

07

독서를 통해 창의력을 극대화하라

석종훈 전 다음커뮤니케이션 대표

"다이아몬드를 손에 쥐기 위해서는 쥐고 있는 구리는 버려야 한다."

자기 분야에서 탁월한 성과를 나타내는 사람들이 있다. 그들이 탁월한 성과를 나타내기 위해 활용하는 스킬은 남다르다. 다양한 계층 가운데 성공하는 CEO들을 살펴보면 '새벽'을 스킬로 활용하는 이들이 적지 않다. 그들에게 있어 새벽은 황금알을 낳는 거위이기 때문이다.

성공하는 CEO들 가운데 '걷기 마니아'로 꼽히는 다음커뮤니케이션 석종훈 전 대표. 석 대표는 기자 출신 CEO로 새벽형 인간에 속한다. 그는 다음커뮤니케이션의 대표적인 사업인 미디어다음과 카페·

검색·메일 등을 두루 총괄하면서 빠르게 성장하는 인터넷 미디어의 변화를 이끌어온 주인공이다.

그는 지난 2000년 종합일간지 기자를 그만두던 당시 국내에는 인터넷 뉴스가 막 기지개를 켜고 있었다. 그는 인터넷 뉴스의 가능성을 확인하기 위해 미국 실리콘밸리로 떠났다. 그곳에 그는 실리콘밸리의 부사장으로 재직하며 온라인 미디어에 대한 감각을 익혔다. 다양한 언론사의 뉴스와 독자들의 생생한 토론으로 채워진 '미디어 다음'은 이런 과정을 통해 세상에 나왔다.

'새로운 변화를 두려워하지 말고 한 발 먼저 내딛자'라는 인생철학을 가진 석 대표는 기자생활을 하던 시절부터 습관적으로 오전 5시에 기상한다. 그가 모두들 단잠에 빠져 있는 시각에 일어나는 이유가 있다. 바로 인맥을 쌓기 위해서이다.

기자로 활동하던 시절 새벽을 알뜰살뜰 요긴하게 활용했다. 남들처럼 늘어지게 자기보다 일찍 일어나 부지런히 조찬모임 등에 참석하는 등 인맥을 쌓았다.

그는 그 당시를 이렇게 회상한다.

"기자 시절에 만든 인맥이 사회생활에 큰 도움이 되었어요."

그는 새벽을 황금 알을 낳는 거위로 활용했다. 그래서인지 주변 사람들에게도 "아침 일찍 일어나 사람들을 만나라."고 조언한다.

그러나 대부분의 사람들은 인간관계는 낮과 밤에 이루어진다고 생각한다. 낮에 식사를 같이 하거나 퇴근 후 술자리를 통해 관계를 다지는 것이 보통이기 때문이다. 하지만 다수가 그렇게 한다고 해서 모두 옳거나 효율적인 것은 아니다.

사실 저녁 미팅보다 아침에 미팅을 가지는 것이 훨씬 효율적이고 장점이 많다. 밤에 누군가를 만나게 되면 주변 여건에 의해 마지못해 술을 마시게 되고 자칫 실수로 이어지게 된다. 그리하여 그동안 고생해서 쌓은 이미지를 한순간에 망치기도 한다. 또한 다음날 출근에 지장이 생기기도 한다.

그러나 아침 미팅은 그렇지 않다. 우선 아침에 술을 마실 수 없기 때문에 자연스레 건전한 분위기에서 미팅을 가질 수 있다. 그만큼 시간을 효율적으로 쓸 수 있다.

석종훈 대표는 기상 후 독서를 빠트리지 않는다. 그는 한 달에 15권가량 읽을 정도로 '책벌레' 이다. 아무에게도 방해받지 않는 새벽시간은 온전히 자신만을 위한 시간이다. 그는 하루 중에 집중력이 가장 높은 오전에 주로 비즈니스 관련 서적과 인문학 책을 읽는다. 창의적 발상도 이 시간에 주로 이뤄진다. '아고라', '미디어 다음' 등 서비스 브랜드의 이름도 이런 과정을 거쳐 탄생했다. 그는 능률을 올리기 위해 회의 등의 업무도 아예 아침시간에 집중된다.

석 대표는 몇 해 전 제주도에서 '다음커뮤니케이션'을 진두지휘한 바 있다. 그는 기상 후 가벼운 산책을 하며 그날 업무에 대한 생각을 정리하며 하루를 시작한다. 청정해역으로 꼽히는 제주도는 자연경관이 빼어날 뿐만 아니라 공기도 도시와는 비교되지 않을 만큼 맑다.

한 인터뷰에서 서울과 다른 맑은 공기를 느낄 수 있어서 즐겁다고 한 그의 말이 떠오른다.

석 대표는 나날이 건강해져 가는 것 같았다. 다음 송년회 자리에 우연히 일찍 가게 돼 석 대표와 나란히 앉아 얘기를 하게 되었다.

"얼굴이 더 좋아 보이시네요. 운동하시나 봐요"

"맞습니다. 제주도에 있을 땐 아침에 5시에 일어나서 나옵니다."

"어휴 그렇게 일찍 나오시면 뭘 하시나요?"

"회사에 가서 운동을 해요. 회사에 가면 6시가 좀 못되는 데 피트니스센터에 가서 1시간 가량 계속 걸어요. 적당히 땀을 흘리고 좋은 것 같습니다"

"그래도 운동 하고 나서도 7시 반도 안 되겠네요"

"네 예전엔 8시에 회의도 하고 그랬는데, 요즘엔 그렇게 일찍 회의는 안 합니다.그래서 보통 아침에 책을 읽고 생각을 많이 합니다."

"책을 많이 보시겠네요."

"거의 중독된 것처럼 봅니다. 책을 열심히 보는 직원들을 보면서 자극을 많이 받았어요. 요즘엔 한 달에 15권정도 책을 보는 것 같아요"

석 대표는 요즘 책을 읽는 것을 굉장히 중요시 여기는 것 같았다. 스스로 이틀에 한권씩 책을 읽어나가고 있다고 하니 대단한 수준이다. 그는 책을 읽어야 창의력이 나오는 것 같다고 했다.

"제가 요즘 깨달은 것은 이겁니다. 창의력은 상상력에서 나옵니다. 그런데 상상력은 독서, 대화, 여행에서 발현됩니다. 직원들의 창의력을 극대화하기 위해선 직원들이 독서와 여행과 대화를 마음껏 할 수 있는 여건을 만들어야 한다고 생각합니다. 그리고 그러기 위해선 저 자신부터 창의력을 극대화할 수 있는 환경을 스스로 만들고 체득해야 한다고 생각해서 책을 읽고 대화를 나누는 것에 적극적으로 나서고 있습니다. 여행은 뜻대로 하긴 힘들더라도 말입니다, 하하. 서강대를 비롯해 몇몇 대학에서 강의를 하고 있는데 이런 부분을 많이 강조하고 다닙니다."

– 임원기의 '人터넷 人사이드, 세상 바꾸는 IT이야기'

석 대표는 대부분의 가장처럼 주말에는 가족과 함께 보낸다. 또 그는 평소 걷기와 등산을 즐긴다. 걷기와 등산은 골프와 스키처럼 일정 기간 배워야 할 수 있는 스포츠와 달리 튼튼한 두 다리와 의지만 있으면 누구나 즐길 수 있기 때문이다. 그를 보면 소박함과 행복은 동떨어질 수 없다는 생각이 든다.

석 대표는 그동안 한라산 정상까지 네 차례나 올랐다. 게다가 한 차례는 도보로 섬 일주를 하기도 했다. 제주도에 글로벌미디어센터를 건립, 제주도에 오기 전 10년 넘게 지방간에 시달렸다. 등산과 제주도 도보 일주 이후 고질병이 말끔히 사라졌다. 등산이나 도보 일주는 그 과정이 무척 힘든 탓에 중간에 포기하고 싶은 유혹에 빠질 때가 있다.

그러나 정상에 오르고 도보 일주를 성공했을 때 느끼는 성취감은 이루 말할 수 없다. 이런 자신과의 싸움을 통해 '시련'을 즐겁게 받아들이는 여유마저 생겼다. 그런 덕분에 요즘 주위 사람들로부터 '여유로운 리더십'을 가졌다는 평을 받고 있다.

석종훈 대표는 기자 시절, 새벽시간에 성공의 씨앗을 뿌렸다. 그때 뿌려놓은 인맥이라는 씨앗 덕분에 지금의 위치에 올랐다. 그에게 있어 인생은 등산하는 것과 크게 다르지 않다. 두 다리로 의지 하나만으로 정상을 향해 오르는 등산과 든든한 배경이나 요행이 아닌 밑바닥에서부터 꿈을 향해 한 걸음 한 걸음 내딛는 것, 모두가 알고 있지만 간과하고 있는 성공 비결이 아닐까.

그는 만나는 사람들에게 이렇게 충고한다.

"성공하려면 아침 일찍 호텔에 가라."

화려한 지금과는 달리 그의 시작은 초라했다. 하지만 시작이 보통 사람과 별반 다르지 않아서인지, 그의 말이 의미심장하게 가슴에 꽂힌다.

석 대표나 나나, 당신이나 모두 보통 사람이다. 그러니 석 대표가 새벽을 활용해 기회를 만들었다면 나나 당신도 할 수 있다.

성공이라는 배에 승선하고 싶다면 새벽시간을 잘 활용해야 함을 잊지 말라. 마지막으로 석종훈 대표의 말을 가슴에 새겨보자.

"다이아몬드를 손에 쥐기 위해서는 손에 쥐고 있는 구리는 버려야 한다."

08

자기관리를 통한 최상의 컨디션을 유지하라

남상태 전 대우조선 사장

.

"사장직은 2만7,000명에 달하는 회사 직원과 협력업체 직원을 책임 져야 하는 막중한 자리입니다. 건강을 지키는 것은 그들을 책임지겠 다는 약속을 지키는 것과 같습니다."

대우조선해양의 남상태 사장.

1976년 9월의 어느 날. 연세대학교 경제학과 졸업을 앞둔 한 대학 생이 진로를 놓고 고민에 빠져 있었다. 친구들은 대부분 월급도 많고 복지혜택도 좋은 대기업 취업을 희망하고 있었다. 그러나 그는 친구 들과 동떨어진 생각을 가지고 있었다. 제조업에서 '내 사업'을 하는 것이 그의 꿈이었다.

꿈을 이루기 위해서는 자신이 원하는 제조업 분야에서 차근차근 기초를 닦아야 하는 법. 그는 대기업에 입사해 일을 배울까 생각하다가 차라리 유망한 중소기업을 택했다. 그리고 마침내 그 당시까지만 해도 중소기업이었던 두산기계에 입사했다.

이 이야기의 주인공은 얼마 전 '대한민국 건국 60주년 기념 학술발표대회'에서 '초일류기업 CEO상'을 수상한 대우조선해양 남상태 사장이다. 지금 그는 '잠자는 숲속의 공주'를 깨운 왕자처럼 멋진 삶을 살고 있지만 첫 사회생활은 보잘 것 없었다.

남 사장은 학창시절부터 남다른 소신을 가지고 있었다. '잘 갖추어진 곳보다는 새로 확장하고 있는 기업이라야 발전 가능성이 높다. 뿐만 아니라 더 많은 기회를 누릴 수 있다'는 소신이 지금껏 그를 지탱해 주었고 지금의 삶으로 이끌어 주었다.

그는 첫 직장 두산기계를 1년 만에 그만두었다. 그만둔 이유도 소신 때문이다. 두산기계가 외자 도입 후 갑자기 커지자 그의 업무가 극히 한 분야에 한정되었기 때문이다. 그 후 그는 가스 실린더를 제조하는 대중공업과 우정해운이라는 해운회사에 입사했다. 하지만 그곳의 오너 사장이 동생의 고등학교 동기동창이라는 사실과 일이 체질과 맞지 않는다는 이유로 미련 없이 박차고 나왔다.

그때까지 중소기업을 선호했던 그는 결국 대기업인 대우그룹에 입사했다. 그가 소신을 버리고서 대우그룹에 입사한 데는 나름의 이유가 있다. 바로 큰 딸 때문이었다. 실직자가 된 바로 그 날에 큰 딸이 조산으로 태어났던 것이다. 생계는 막막한데다 아이까지 생기니 발등에 불이 떨어진 격이었다. 더 이상 체질 운운할 처지가 못 되었다. 하지만 그 때 마침 대우와 삼성이 신입사원을 뽑고 있었다. 그는 고민 끝에 삼성보다 대우에 입사원서를 냈다. 그는 당시 삼성보다 대우를 선택한 이유에 대해 이렇게 말한다.

"발전 가능성이 있는 중소기업에 가고 싶다는 잠재의식이 마지막으로 영향을 미친 결과죠. 당시만 해도 삼성보다는 대우가 신생기업이라 발전 가능성이 클 것으로 예상했어요. 대우의 여러 계열사 중 대우조선에 온 것도 마찬가지예요. 당시 대우에서 가장 별 볼일 없는 데가 대우조선이었거든요. 그래서 선택했어요."

대우조선에서 그가 맡은 업무는 자금 담당이었다. 그는 대우조선의 사장으로 승진하기까지 거의 30년 가까이 자금업무를 맡았다. 그는 항상 돈 구하러 다니느라 바빴던 기억밖에 없다고 술회했다. 민주화 운동이 한창이던 1987년에는 돈 가방 들고 다니다 시위대로 오인돼 경찰서에 붙잡혀 간 적도 많았다. 서울 명동에 갔다가 전경들이 못 나오게 해 100억 원짜리 어음을 보여 주고 빠져 나온 일도 한두 번이 아니었다.

남 사장의 이런 노력에도 불구하고 1999년 회사는 위기에 빠졌다. 대우그룹 전체가 워크아웃에 들어간 것이다. 워크아웃 돌입 이후 그는 자금과 구조조정 담당 임원을 겸직하게 되었다.

당시 그를 가장 많이 괴롭혔던 것은 소액주주들이었다. 채권단은 구조조정을 위해 옛 대우중공업을 나눠 지금의 대우조선해양과 대우종합기계로 분할키로 했다. 그런데 소액주주들이 강력히 반발하면서 소송을 낸 것이다.

"그땐 절박했던 순간이었어요. 소액주주 문제를 해결하지 못하면 회사가 문을 닫아야 할 처지였으니까요."

그 때 그는 소액주주 대표자들 집에 쌀 한 가마니, 라면 한 박스 사들고 일일이 찾아다니는 고생 끝에 간신히 위기를 넘길 수 있었다.

그가 온갖 인생역정을 극복하고 지금의 자리에 오를 수 있었던 것은 삶의 철학 덕분이었다.

"시련이 닥쳐도 걱정을 하지 않아요. 어려움이 닥치면 회피하지 않고 정면 돌파하겠다는 의지가 생기죠."

그의 이런 긍정적인 삶의 자세가 오늘날의 그를 있게 해주었다.

그렇다면 그의 학창시절은 어떠했을까? 고등학교 때 트럼펫을 불고 싶은 나머지 선배들의 트럼펫을 빌려 연습하다가 아버지께 걸려 신나게 두들겨 맞은 적도 있었다. 그 당시 고등학교 시절에는 우열반이 있었다. 그는 성적이 낮은 학생들이 속해 있는 열등반에 속했다. 뿐만 아니라 그는 대학 입시에서 떨어져 재수를 하기도 했다.

그러나 성공은 성적순이 아니라는 말이 있다. 이런 진리를 일찍 깨달았을까, 남 사장은 학교 성적과 사회에서의 성공은 정비례하지 않는다는 소신을 가지고 있었다. 인생의 성공은 학교 성적이 아니라 스스로 어떤 노력을 기울이느냐에 달렸다고 생각했던 것이다.

성공하는 CEO들은 하나같이 '새벽형 인간'이다. 남상태 사장 역시 새벽 5시에 기상해 하루를 시작하는 새벽형 인간 생활패턴을 가지고 있다. 지금 그에게는 여유와 건강이라는 두 마리 토끼가 들려있다. 그러나 두 마리를 토끼를 잡은 것은 남 사장이 가지고 있는 자기만의 철학이다.

남 사장에게는 새벽 시간에 대한 자기만의 철학이 있다. 평소 그는 '내 몸은 나 혼자만의 몸이 아니다'라는 생각으로 오전 5시에 일어나 회사 근처 피트니스 센터에서 1시간 반씩 강도 높은 운동을 한다. 매일 러닝머신 위에서 5km 이상 달린다. 곧 예순을 바라보는 적지 않은 나이에도 하루도 운동을 거르지 않는다.

"사장직은 2만7,000명에 달하는 회사 직원과 협력업체 직원을 책임져야 하는 막중한 자리입니다. 건강을 지키는 것은 그들을 책임지겠다는 약속을 지키는 것과 같습니다."

남 사장은 대우조선 이사 시절 서울사무소 산악회장을 맡았을 뿐만 아니라, 지리산 종주에도 곧잘 나섰던 강철 체력의 소유자로 꼽힌다. 대우조선의 한 관계자는 이렇게 말했다.

"남상태 사장은 몇 해 전 춘천 마라톤에 출전해 네 시간 만에 완주했을 정도로 체력이 좋습니다."

CEO는 어떤 순간에도 올바른 판단을 내릴 수 있어야 한다. 그러기 위해서는 자기관리를 통해 최상의 컨디션을 유지해야 한다. 남 사장은 대우조선해양의 CEO로서 맡은 직책을 충실히 수행하기 위해 철저하게 자기관리를 한다. 그 중에 하나가 아침시간 운동을 꼭 챙기는 것이다. 사실 평범한 사람들도 귀찮거나 바쁘다는 이유로 운동을 소홀하기 십상이다. 하물며 대기업의 CEO인 그가 매일 새벽 운동을 하는 것을 보면 성공은 역시 자기관리에 있구나, 라는 생각마저 든다.

남 사장은 새벽형 CEO 중에서도 활동의 폭이 넓은 편이다. 경제협회나 경제연구소가 주최하는 조찬모임에도 매주 1~2회씩 참석하는 편이다. 석학들과 이야기를 나누고 의견을 교환하다 보면 사물을 보는 새로운 시각이 생겨 회사 경영에 많은 도움이 되기 때문이다.

옥포 공장으로 출근하는 날이면 아침 일찍 직원들과 함께 조선소 내 작업장을 청소한다. 함께 청소하며 대화를 나누다보면 자연스레 현장 직원과 유대감을 높일 수 있다.

남 사장은 대부분의 사람들이 늦잠을 자고 있을 시각에 운동, 조찬 모임 그리고 직원들과 몸소 부대끼며 유대감을 높인다. 이런 모습에서 전형적인 CEO의 딱딱한 모습은 찾아볼 수 없다.

남 사장의 일상을 들여다보면 하루가 48시간인 듯하다. 그가 하루를 세 배로 살 수 있는 것은 새벽 5시에 기상하는 새벽형 인간 생활을 하기 때문이다. 그의 이런 생활은 일찍부터 새벽에 성공 씨앗을 뿌리고 성공이라는 열매를 수확하는 성공하는 농부와 같다.

성공하는 삶을 살고 싶다면 성공하는 CEO들의 공통점을 눈여겨봐야한다. 그들처럼 이른 새벽의 고요함 속에서 자기만의 시간을 취할 수 있어야 한다. 하루 중 자기만의 시간을 가지지 못하는 사람은 과거보다 나은 현재, 현재보다 발전된 미래를 맞이할 수 없다.

09

항상 CEO 입장에서 생각하고 일을 처리하라

남중수 전 KT 사장

성공한 CEO들은 하나같이 탁월한 '시간 경영'의 대가들이다. 그들은 조금 일찍 잠들어 4~5시쯤 일어나 2~3시간을 덤으로 활용했다. 새벽시간을 금쪽같이 쓸 때 기회의 문도 열린다는 것을 잘 알기 때문이다.

나는 이 책을 쓰면서 '새벽형 CEO들은 지금처럼 학창시절 때에도 새벽형 인간이었을까' 라는 의문이 들었다. 궁금증을 해소하기 위해 수십 권의 책과 언론의 인터뷰 기사 등 자료를 찾아보았다. 그 결과 거의가 학창시절 때부터 새벽형 인간 생활 패턴을 했거나 새벽형 인간에 가까운 생활을 했다는 것을 알 수 있었다.

그러나 그 중에서 예외인 CEO도 있었다. 바로 한국 제1통신업체인

KT의 남중수 사장이다. 남 사장은 학창시절 '잠보'라는 수식어가 따라다닐 만큼 새벽잠이 많은 편에 속했다.

학창시절 그는 자명종 몇 개를 맞춰 두고 자도 일어나지 못하는 일이 비일비재했다. 미국유학 시절 조교로 일할 때 아침 시험에 감독으로 가야 하는데, 늦잠을 자느라 제 시간에 가지 못해 교수에게 혼이 난 일도 있을 정도다.

하지만 지금은 과거의 그가 아니다. 저녁형 인간에서 새벽형 인간 CEO로 180도 달라졌기 때문이다. 그는 새벽시간을 알차게 활용함으로써 한 단계 한 단계 목표를 이루고 지금의 위치에 올랐다. 따라서 외부에서 강연할 때마다 새벽시간의 소중함에 대해 빼놓지 않는다.

남 사장은 저녁형 인간에서 새벽형 인간으로 생활 패턴을 바꾼 이유를 이렇게 말했다.

"방해 받지 않고 자신만의 계획을 짜거나 구상하는 시간을 확보할 수 있습니다."

2005년 8월 KT 사장으로 취임한 남 사장. 그는 '누구보다도 KT그룹을 잘 아는 최고경영자(CEO)'라는 평판을 들어왔다. 민영화 이후 처음으로 2008년 3월 사장 연임에 성공함으로써 능력을 인정받았다. 또한 매경이코노미 선정 100대 CEO에 4년 연속 오르는 겹경사를 맞았다. 현장과 고객 중심의 기업문화를 만들었다는 점에서 높이 평가받았다.

그는 1982년 KT의 전신인 한국전기통신공사 출범과 함께 KT그룹에 합류했다. KT의 인사국장, IMT2000 추진본부장, 재무실장과 자회사인 KTF 사장을 거쳤다. 그 덕분에 누구보다도 KT그룹에 대해 속속들이 파악하고 있다.

남 사장은 매사추세츠대 경영학박사 학위를 받은 경영 전문가로서 승부사 기질이 강하다. 덕분에 3세대 이동통신사업 진출 및 KT그룹의 민영화 등 그룹의 현안을 성공적으로 마무리할 수 있었다.

그렇다면 그가 사령탑으로 있는 KT는 어떤 기업일까?

2002년 공기업에서 민영기업으로 변신한 KT그룹은 우리나라의 통신업계를 대표하는 기업이라고 할 수 있다. KT는 시내전화, 초고속인터넷 시장에서 1위를 차지하고 있고, 주요 계열사인 KTF(현, 올레)는 이동통신 시장의 2위 회사다. 전국과 해외에 총연장 760만 8551km에 이르는 광케이블을 확보하는 등 국가 기간사업자로 국가경제에 크게 이바지하고 있다. 자산 총계 29조원, 연매출 19조원으로 2008년 4월 기준 재계 서열 9위(민영화된 공기업 포함)인 KT그룹은 맏형인 KT를 중심으로 이동통신 사업을 하는 KTF, 무전기(TRS) 사업자인 KT 파워텔, 인터넷 콘텐츠 사업자인 KTH, 공중전화 사업자인 KT링커스 등 통신, 인터넷 분야 기업으로 이루어져 있다. 또 최근 신규 진출한 콘텐츠 분야 기업인 싸이더스FNH(영화 제작), 올리브나인(드라마 제작) 등을 포함해 총 29개 계열사로 구성되어 있다.

공룡처럼 거대한 기업을 이끌기 위해서는 가장 중요한 것이 무엇일까? 남 사장은 건강을 가장 중요하게 생각한다.

"CEO로 산다는 건 짬을 내 계절 변화를 느끼기도 사치스러울 만큼 바쁘지만 건강해야 좋은 경영 전략도 구상할 수 있다고 봅니다. CEO로서 갖춰야 할 가장 중요한 덕목 가운데 하나가 건강이라고 생각합니다."

그는 매일 새벽 4시 반에 기상해 소금물로 코를 씻는다. 덕분에 10년 동안 감기에 걸린 적이 없다고 한다. 출근은 아침 6시쯤 이루어진다. 출근하자마자 분당 본사 17층 사장실 옆에 있는 러닝머신을 달린다. 달리면서 태양을 바라보다보면 어느새 머리가 맑아진다.

"건강을 잃으면 주위 사람에게 불편을 주기 때문에 남을 배려하는 차원에서라도 스스로 건강을 지켜야죠."

그가 러닝머신 위를 달리는 것은 건강뿐만 아니라 머리를 맑게 하기 위한 일종의 워밍업인 셈이다.

그는 건강의 비결을 이렇게 말했다.

"도덕경에 나오는 '동선시(動善時)'라는 말처럼 모든 일에는 때가 있으니 순간순간을 즐거운 마음으로 최선을 다하고, 그 결과는 순리에 맡긴다는 마음으로 살아가는 게 건강에 좋다."

사실 결과에 집착하다 보면 과정을 소홀히 하게 되고 마음의 병마저 얻게 된다.

성공한 CEO들은 대부분 책을 가까이 한다. 아무리 바빠도 독서하는 시간은 따로 설정해놓는다. 남 사장 역시 마찬가지다. 그는 바쁜 일과에도 불구하고 종종 광화문 교보문고를 들르곤 한다. 언젠가 서점의 벽에 붙어 있던 '사람은 책을 만들고 책은 사람을 만든다'라는 문구가 무척 가슴에 와 닿았다고 한다. 그의 인생에 가장 영향을 끼친 책은 《도덕경(道德經)》이다.

《도덕경》은 그가 가장 좋아하는 책이자 경영철학의 근본이 되는 책이다. 어릴 때 한학에 조예가 깊었던 할아버지로부터 사서삼경 등의 고전을 배우면서 자란 덕분으로 고교 시절 노자의 도덕경에 심취했었다.

그는 자신의 경영철학을 《도덕경》에서 찾았다. 처지를 바꾸어서 생각하는, '역지사지(易地思之)'와 언제나 발 딛고 선 땅이 어디인지 알고 낮은 곳으로 임하라는 '거선지(居善地)' 이다.

남중수 사장은 한국표준협회가 제정한 '2007 대한민국 창조경영인상'에 삼성 테스코 이승한 사장과 함께 공동수상 수상자로 선정된 바 있다. 이 상은 조직원이 창조력을 발휘할 수 있도록 분위기를 조성하고 변화와 혁신에 앞장 선 CEO와 그 사례를 널리 알리기 위해 2007년 처음으로 제정되었다. '대한민국 창조경영인상'은 전문가로 이루어진 심의위원회를 구성해 창조경영, 경영혁신, 사회적 책임, 국가 경제발전 기여, 지역사회 공헌 등에 대한 성과를 심의해 수상자를 결정하는 만큼 수상하기가 여간 힘들지 않다.

남 사장은 성공 비결을 '항상 CEO 입장에서 생각하고 일을 처리했기 때문'이라고 말했다. 그의 말에 의하면, CEO가 되고 보니, 임직원들 중에 누가 CEO처럼 일하는지 쉽게 알 수 있다는 것이다.

꿈꾸는 것은 멀리 있지 않다. 다만 기회의 문을 여는 습관이 배지 않아서 아득하게만 느껴지는 것이다.

자, 지금부터라도 성공을 위한 좋은 습관을 가져보자. 새벽 단잠의 유혹을 벗어던지고 벌떡 일어나보자. 그리고 눈을 뜨자마자 물 한 컵을 마신 후 가벼운 스트레칭, 명상, 독서를 해보자. 별것 아닌 것 같지만 어제와 다른 자신을 발견할 것이다. 이것이 어제보다 나은 오늘, 행복한 미래를 열어가는 일이 아닐까.

새벽에 벌떡 일어나는 10가지 습관

시련을 피하지 말고 즐겨라

시 / 김태광

인생을 살아가다 넘어질 때
시련을 피하지 말고 즐겨라.
거친 파도를 피하지 않고
그 파도의 흐름을 즐기는 윈드서핑을 보라.
파도는 그대를 더 빨리,
더 먼 곳으로 데려다 줄 것이다.
때로 살아가면서 주위 사람들로부터 듣게 되는
푸른 멍 같은 말 한 마디에 좌절하지 마라.
자신을 움직이는 힘은
자신의 내부에 있음을 망각하지 마라.
대신 방향키 없이 바다 위에 떠 있는 배처럼
목표 없이 인생의 바다에 아무렇게나 떠 있는
자신을 부끄러워하라.
시간은 냇물처럼 쉬지 않고 흘러간다.
지금 그대가 헛되이 흘려보내는 시간 속에
인생을 빛나게 해줄
성공의 열쇠들이 함께 흘러가고 있음을 깨달아라.

01

간절히 이루고 싶은 꿈을 떠올려라

올해로 내가 글을 쓴지 꼬박 13년이 된다. 혹자들은 내가 학창시절부터 글을 썼다고 추측하거나 태어날 때부터 문재(文才)를 타고났다고 생각한다. 하지만 그렇지 않다. 나는 스물세 살 무렵부터 시를 쓰기 시작했고 시 쓰기는 3년 간 이어졌다.

당시 나는 류시화 시인이나 안도현 시인과 같은 유명 시인을 열망했다. 시인이 되기로 결심한 뒤로 단 하루도 시를 쓰지 않거나 시집을 읽지 않고서 보낸 날이 없을 정도로 시에 미쳐 있었다. 서점에 가면 가장 먼저 찾는 코너가 바로 시집 코너였다. 새로 나온 시집들을 만지작거리며 시인들의 프로필을 살펴보며 마음속으로 '나도 꼭 저 분들처럼 당당하게 시인이 되어야지' 하고 의지를 불태웠다. 매일같이 3년을 치열하게 시를 쓰던 끝에 나 역시 충남일보를 통해 당당하게 시인이 될 수 있었다.

젊은 나이에 시인으로 활동하다 밥벌이를 위해 기자가 되었다. 집이 워낙 가난했던 탓에 서울의 영등포의 한 고시원에서 숙식을 해결하며 잡지사 기자 생활을 해야 했다. 기자라는 직업은 겉으로는 화려하고 멋있게 보이지만 속으로는 빛 좋은 개살구나 다름없는 직업이다. 월급이 많은 것도 아니어서 늘 지갑은 홀쭉하게 마련이다. 무엇보다 당시 내가 가장 못마땅하게 생각했던 것은 내가 원하는 글을 쓰지 못한다는 것이었다. 잡지의 성격이나 국장, 편집장의 성향을 벗어나지 않는 내에서 글을 써야했다. 시간이 지나면서 내 글을 쓰고 싶다는 열망이 커져갔다.

그러나 내 글을 쓸 시간이 부족했다. 그래서 고민하다가 그 누구한테서도 방해받지 않는 시간인 새벽시간을 활용하기로 마음먹었다. 그래서 출근 전 두 시간 동안 사방이 고요한 가운데 내 글을 쓰기 시작했다. 당시에는 지금 주로 쓰는 자기 계발서가 아닌 에세이를 썼다. 물론 당시에는 어떻게 글을 써야하는지 알지도 못했지만 머지않아 반드시 책으로 출간하겠다는 포부는 있었다. 처음에는 출근 시간 전에만 글을 썼지만 시간이 지나면서 퇴근 후에도 글을 썼다. 내가 원하는 글을 쓸 때 가장 행복하다는 것을 깨달았기 때문이다. 그래서 퇴근 후 친구들 혹은 동료들과의 술자리를 마다하고 바로 고시원으로 직행하곤 했다. 그때 나에게 있어 책 쓰는 시간은 세상에서 가장 행복한 '딴 짓'이었다.

반년 쯤 지났을 때 한 권의 책을 펴낼 수 있을 정도의 원고 량이 되었다. 그래서 글을 책으로 펴내기 위해 무작정 내가 쓴 글과 비슷한 책을 출간하는 출판사에다 원고를 보냈다. 그러기를 수십 차례, 돌아오는 것은 싸늘한 거절 의사뿐이었다. 감성적인 문체에다 내용은 좋지만 상업적으로 출간하기에는 무리라는 의견이었다. 첫 술에 배부르랴. 나 역시 처음부터 내 원고가 출판사에 쉽게 채택되지 않으리라는 것쯤은 알고 있었다. 그래서 쉽게 포기하지 않고 계속 원고를 다듬어 나갔다. 그리고는 다시 다른 출판사에다 원고를 쉴 새 없이 보냈다.

그러던 어느 겨울 밤, 고시원을 향해 무거운 발걸음을 옮기고 있을 때 한 출판사에서 연락이 왔다. 같이 작업해보면 어떻겠냐는 연락이었다. 그 순간 나는 날아갈듯이 기뻤다. 하마터면 어린아이처럼 비명을 지를 뻔했다. 그렇게 해서 꿈에 그리던 나의 첫 책과 두 번째 책이 2003년에 《꿈이 있는 다락방》, 《마음이 담긴 몽당연필》이라는 제목으로 출간되었다.

그때 나는 두 가지 꿈을 가슴에 품었다. 베스트셀러 작가와 성공학 동기부여 강사라는 꿈이었다. 그 꿈을 향해 고군분투했다. 그리고 9년이 지난 지금 과거에 가졌던 꿈은 모두 실현되었다. 과거 지독한 가난에 찌들어 살았던 내가 드디어 서른여섯의 나이에 억대 수입의 작가가 되었다.

13여 년 전 누구보다 초라했던 나는 알토란같은 새벽 시간 활용으로 진짜 인생을 살 수 있게 되었다. 지금처럼 행복한 인생을 살 수 있었던 것은 남들이 잠들어 있는 새벽 시간에 가슴 뛰는 꿈을 상상하며 그것을 실현하기 위해 고군분투한 덕분이었다.

새벽형 인간으로 전환한 후 달라진 나의 인생

구분	13년 전 과거	13년 후 현재
직급	평기자	소장
소속	잡지사 · 신문사	1인 기업가
학위	학사	석사 과정 중
지위	무명작가	동기부여가, 책쓰기 코치, 작가
강의 횟수	0회	연간 100~200여 회
집필	연 5~6 권	연 10여 권
방송 활동	없음	TV, 라디오 다양한 방송활동
자동차	없음	1대
칼럼집필 횟수	연 5회	연 100회
꿈	40세 동기부여가 활동	실현

대단하지 않은가? 나는 가끔 이런 생각을 해본다.

'만일 내가 저녁형 인간으로 계속 살았더라면 지금쯤 나는 어떤 모습을 하고 있을까?'

질문에 대한 답은 과거 나와 친했던 친구들의 모습을 보면 쉽게 알 수 있다. 그 친구들 중 몇 명은 직업도 없이 메뚜기 같은 인생을 사는가 하면 부모님의 속만 썩이고 있다. 나 역시 새벽형 인간이 되지 않았다면 분명 저들과 별반 다르지 않은 인생을 살고 있을 것이다.

내 성공의 비결은 새벽 시간 활용에 있다. 그래서 나는 사람들에게 더 나은 인생을 살고 싶다면 필수적으로 새벽형 인간이 되어야 한다고 충고한다. 새벽 일찍 일어나지 않고선 절대 더 나은 인생을 살 수 없다.

물론 새벽에 일어나는 일은 만만치 않다. 그래서 대부분의 사람들이 새벽형 인간을 갈망하면서도 저녁형 인간으로 살아간다. 하지만 나처럼 간절한 꿈을 가진다면 어떨까? 이것만큼은 어떤 일이 있더라도 이루고 싶은 꿈을 가진다면 새벽 5시에 일어나는 일은 그다지 힘들지 않다. 비록 힘들더라도 꿈을 실현할 수 있는 생산적인 일을 할 수 있다는 기쁨을 알기 때문이다. 그래서 새벽형 인간이 되기 위해선 가장 먼저 간절한 꿈을 찾아야 한다. 알람이 울릴 때 '그래, 나한테 이루고 싶은 꿈이 있지.' 하며 벌떡 일어나게 된다.

호텔에서 일하는 가난한 청년이 있었다. 그는 손님들의 짐을 나르는 벨 보이였지만 미국에서 가장 큰 호텔을 소유하는 꿈을 가지고 있었다. 그는 가장 큰 호텔의 사진을 자신의 방에 책상 등 눈에 잘 띄는 곳에 붙여놓고 그 호텔의 사장이 된 자신의 모습을 상상했다.

'나는 반드시 미국 최고 호텔의 주인이 될 거야.'

사람들은 그의 이런 모습을 보며 비웃었다. 그리고 벨 보이 주제에 허황된 꿈만 꾼다고 수군거렸다. 그러나 그는 매일 새벽 일찍 일어나 남들보다 하루를 활기차게 시작했다.

어느덧 15년이라는 세월이 흘렀다. 과거 벨 보이였던 청년은 거짓말처럼 미국에서 가장 큰 호텔의 주인이 되어 있었다. 그가 바로 250개가 넘는 힐튼 호텔의 창업자 콘라드 힐튼이다.

그는 자신의 성공 비결을 이렇게 말했다.

"성공에서 가장 중요한 것은 '꿈꾸는 능력'이다. 나보다 뛰어나고 성실한 동료들이 많았지만 그들은 아무도 그런 큰 꿈을 꾸지 않았기에 이루지 못했던 것이다."

사람들은 벨 보이로 일하던 콘라드 힐튼이 미국 최고 호텔의 주인이 되었다는 사실에 경악했을 것이다. 그러나 정작 콘라드 힐튼은 자신이 미국에서 가장 큰 호텔의 주인이라는 사실을 당연하게 받아들였다. 왜냐하면 그는 15년 동안 끊임없이 새벽 일찍 일어나 자신이 미국 최고 호텔의 주인이 된 모습을 상상해왔기 때문이다.

누구나 자신만의 인생을 살 수 있는 자격과 권리가 있다. 그런데 안타깝게도 대다수의 사람들은 소중한 새벽 시간을 시체 놀이하면서 그

자격과 권리를 박탈당하고 만다. 하지만 과거의 나는 새벽 시간을 절대 허투루 보내지 않았다. 내세울 것 하나 없는 내가 잠까지 남들보다 더 자서는 결코 성공할 수 없다는 것을 알았기 때문이다. 그래서 새벽형 인간이 되었고, 하루를 세 배로 살았다. 그 결과 지금의 나, 김태광으로 거듭날 수 있었다.

당신 역시 하루하루가 즐거운 인생을 살기를 바란다. 신이 당신에게 허락한 최고의 인생을 살기를 바란다. 어째서 그렇게 생각하느냐고 묻지 마라.

당신은 특별한 존재이기 때문이다.

02

'10분만 더'의 유혹을 떨쳐라

영국의 철학자 베이컨은 "시간을 선택하는 것은 시간을 절약하는 것"이라고 말했다. 인간은 시간을 자기 필요에 의해 선택할 수 있다. 그런데도 대부분의 사람들은 시간을 지배하기보다 시간으로부터 지배를 받는다. 그러면서도 시간이 부족하다는 등의 핑계를 댄다.

에디슨은 이런 의미심장한 말을 남겼다.

"변명 중에서도 가장 어리석고 못난 변명은 '시간이 없어서'라는 변명이다."

사실 시간이 없다고 말하는 사람들 중 대부분은 전혀 시간이 부족하지 않다. 그들의 일상을 관찰해보면 중요한 일에 시간을 쏟기보다 덜 중요한 일에 시간을 쓴다는 것을 알 수 있다. 인터넷 서핑을 하거나 친구와 전화로 수다를 떤다. 친구와 문자를 주고받거나 괜스레 복도에서 자판기 커피를 마신다. 이처럼 쓸데없는 일에 시간을 허비한 탓에 부족한 것이다. '시간이 없어서'라고 변명하는 당신에게 한 가지 제안하겠다.

"눈뜨면 벌떡 일어나라!"

새벽형 인간은 저녁형 인간에 비해 몇 배의 시간의 혜택을 누린다. 하지만 새벽형 인간이 되기 위해선 새벽 5시쯤에 눈 뜬 후 벌떡 일어날 수 있어야 한다. 물론 처음에는 고통스러우리만치 힘들겠지만 한 달 가량 지속하다보면 습관이 된다. 습관이 되고 나면 그다지 힘들이지 않고도 자연스레 기상할 수 있게 된다.

어떤 일이든 그 일에서 이점을 알게 되면 자연히 동기가 생기게 마련이다. 따라서 새벽형 인간이 되면 어떤 좋은 점이 있는지 알아보자.

새벽 5시부터 출근 전 8시까지는 두뇌가 가장 명석해지는 시간이다. 전문가들은 이때의 집중력과 판단력은 낮 시간의 3배에 달한다고 말한다. 쉽게 말해 이 시간을 잘만 활용하면 낮 시간 대의 업무 효율보다 3배 이상 높일 수 있다.

지금도 자신이 저녁형 인간이라고 부득부득 우기는 당신도 이 말에는 공감할 것이다.

"새벽에는 창의력과 상상력에 관련된 우뇌가 활발하게 작용하기 때문에 아이디어를 얻기에 더없이 좋은 시간입니다. 따라서 새벽은 그날의 일과를 세우고 부족한 공부를 하는 등의 자기 계발을 위한 시간으로 활용하는 것이 좋습니다."

사실 건강하게 장수하는 노인들 가운데 대부분은 새벽형 인간이다. 일찍 잠들어서 새벽 4~5시에 기상하는 생활패턴을 가지고 있다. 새벽에 일어나게 되면 그렇지 않은 사람들에 비해 훨씬 몸과 마음이 상쾌할 뿐만 아니라 건강하기까지 하다. 여기에다 덤으로 몇 시간을 더 알차게 활용할 수 있다.

"새벽을 잘 활용하는 사람이 하루를 지배할 수 있고, 하루를 지배하는 사람이 인생을 지배할 수 있다. 성공은 새벽에 좌우된다."

세계적인 동기부여 전문가인 앤드류 매튜스의 저서 《마음 가는 대로 해》에는 이런 말이 나온다.

"새벽에 일어나서 운동도 하고 공부도 하고 사람들을 사귀면서 최대한으로 노력하고 있는데 인생에서 좋은 일이 전혀 일어나지 않는다고 말하는 사람을 나는 여태껏 본 적이 없다."

실제로 현실을 탓하며 사는 사람들 가운데 대부분이 저녁형 인간이다. 그들은 좀 더 나은 인생을 살기 위해 고군분투하지 않는다. 퇴근 후 시간만 들여다봐도 알 수 있다. 동료나 친구들과 술잔을 기울이며 상사나 회사에 대한 비난을 서슴지 않는다. 그러다 '내 인생은 왜 이럴까?' 하는 푸념으로 이어지게 되는 것이다. 이런 와중에 몸담고 있는 조직에서 탁월한 성과를 발휘할 수는 없다. 조직에서 인정을 받을 수 없으니 최고가 될 수도, 원하는 인생을 살 수도 없게 된다.

자기 분야에서 피땀 어린 노력을 기울이는 사람들. 그런 사람들은 하나같이 새벽형 인간이다. 부지런하기 위해선 일찍 기상해야하기 때문이다. 그래야 남들보다 많은 시간을 활용해 미래를 창조할 수 있다.

'공병호 경영연구소'의 공병호 소장. 앞에서 소개했다시피 그는 자타가 공인하는 대한민국의 대표적인 새벽형 인간이다. 대학 2학년 때부터 20년이 넘게 매일 새벽 3시에 일어나는 생활을 해오고 있다.

사실 새벽 3시에 기상하기란 말처럼 쉽지 않다. 하지만 새벽형 인간에 대한 확고한 철학이 있기 때문에 가능하다.

"그동안 20년 넘게 새벽형 인간으로 살아왔는데도 불구하고 지금도 새벽 기상은 여전히 힘든 일입니다."

이는 대부분의 사람들이 느끼는 고통과 다르지 않다. 그는 눈뜨면 벌떡 일어나듯이 기상한다. 그리고 곧바로 거실로 나와 단전호흡을 통해 터득한 자신만의 스트레칭 방법으로 약 10분 간 간단한 체조를 한다. 그는 이 체조를 '잠자리 모드에서 이성 모드로 전환하는 순간'이라고 표현한다. 체조 후에는 계절에 관계없이 하는 찬물 세수로 하루를 시작할 준비를 마친다.

1인 기업가로 활동하고 있는 그는 칼럼 및 원고 집필, 강연 준비 등으로 단 일초도 허투루 쓸 수 없을 만큼 바쁘다. 그러나 그는 생활 패턴이 새벽형인 덕분에 짧게는 2시간, 길게는 5시간이 넘는 황금시간을 활용할 수 있다. 이 황금 시간을 가장 중요한 일을 하는데 쓴다. 고도의 정신 집중과 창의력을 발휘해야 하는 집필이다.

알람시계가 울리면 벌떡 일어나라. 그러면 '10분 만 더…' 이런 망설임과 주저함이 사라질 것이다. '10분만 더…' 하는 유혹에 넘어간다면 당신의 인생은 1년, 10년 후 벼랑 끝으로 내몰리게 될지도 모른다.

행복한 인생을 원한다면 시간이라는 자산을 유용하게 활용해야 한다. 세월을 자산으로 투자해야한다는 말이다. 성공한 사람들은 세월을 자산으로 만들었던 사람들이다.

'경영의 신'으로 불리는 일본의 마쓰시타 고노스케. 그는 입지전적인 인물로 꼽힌다. 그는 초등학교도 마치지 못한 채 남의 집 고용살이에서 출발해 세계적인 가전 왕국 '마쓰시타'를 창업했다. 언젠가 그는 자신의 3고(苦), '가난', '허약한 몸', '학력 콤플렉스'를 새벽 시간을 활용해 극복했다고 회고한 바 있다.

새벽잠은 인생에서 가장 큰 지출이다. 인생은 이 새벽 시간에 달렸다. 당신은 더 이상 황금 같은 시간에 개꿈이나 꾸면서 허비해선 안 된다. 성공과 행복을 창조하는 시간으로 활용해야한다.

03

새벽시간, 자기계발의 원동력으로 삼아라

'일찍 일어나는 새가 벌레를 잡는다.' 이 말을 '일찍 일어나는 사람이 기회를 잡는다.'로 바꾸어 해석할 필요가 있다. 일찍 일어나지 않고서는 절대 원하는 삶을 살 수 없다. 그런데도 대부분의 사람들은 잠을 자는 데 너무 많은 시간을 할애한다.

한 리서치 조사에 의하면 CEO의 평균 수면 시간은 5시간 정도라고 한다. 나는 수면 시간의 양에 따라 인생의 질이 결정된다고 생각한다. 수면 시간이 적을수록 보다 생산적인 활동을 할 수 있기 때문이다.

한 평범한 고물장수가 쓴 《고물장수로 12억 벌기》라는 책이 있다. 이 책을 통해 다시 한 번 새벽시간의 중요성에 대해 깨달았다.

이 책의 저자는 매일 1톤 트럭을 몰고 다니며 고물을 사고파는 고물장수 김창남 씨이다. 과거 그는 철저한 실패자였다. 그동안 그가 벌였던 사업과 옮겨 다닌 직장만 무려 20곳이 넘는다. 그러나 그 어디에서도 빛을 보지 못했다. 저자의 말에 의하면 연애에서는 35번이나 고배를 마셨으며, 군대에서 몸을 다쳐 불명예제대까지 했다.

이런 과거와는 달리 지금의 그는 남부럽지 않은 삶을 살고 있다. 수입이 좋을 때는 한 달에 천만 원이 넘는 수입을 올린다. 고물장수를 한지 12년 만에 이룬 성공이다.

그는 매일 새벽 4시 30분에 기상해 5시에 장사를 시작한다. 보통 오후 7시가 되면 경쟁의 관계에 있는 고물장수들 일과를 끝내지만 그에게는 아직 초저녁이다. 10시 30분까지 고물하차 작업을 마무리해야만 하루가 끝나기 때문이다. 그는 그렇게 다른 고물장수들보다 세 배 가량 많은 양의 고물을 수거한다. 이는 당연히 많은 보수로 이어지는 것이다.

만일 그가 여느 고물장수처럼 해가 뜬 후에 기상한다고 가정해보라. 그는 6시나 7시 즈음에 일어나서 8시쯤에 장사를 시작할 것이다. 어쩌면 더 늦을지도 모른다. 이와 관련된 업무는 오후쯤에 본격적으로 시작되기 때문이다. 그랬다면 그는 여느 고물장수와 비슷한 삶을 살고 있을 것이다. 그가 새벽시간을 활용함으로써 얻은 수혜는 많은 양의 고물의 수거만은 아니다.

그는 지식 근로자에 속한다. 그는 쉴 새 없이 자기 계발을 한다. 이를테면 새벽에 일어나 책을 읽거나 식사 때마다 자기 계발 및 성공학 테이프를 청취한다. 한 순간도 허투로 쓰지 않겠다는 신념이 반영된 결과이다.

이런 생활은 꾸준한 시행착오 끝에 나왔다. 자신이 시간을 어떻게 얼마나 사용했는지 노트에 썼고, 불필요한 시간 낭비는 없었는지 반성하며 실수를 줄였다.

그는 이렇게 말한다.

"고물장수도 책을 읽어야 한다."

그는 독서광이다. 언제 어디에서건 책을 읽는다. 심지어 러닝머신 위에서도 책에 시선을 고정시킬 정도라고 한다. 일요일과 같은 휴일에는 하루 6~7권을 책을 본다니 책벌레라고 할 수 있다. 그가 즐겨 읽는 장르는 성공, 자기 계발, 경영, 경제, 마케팅, 미래학이다.

책 읽기에 몰입하는 그는 대기업의 CEO와 다르지 않다. 자신의 성장과 발전을 위한 사고력, 미래를 내다 볼 수 있는 통찰력, 사업에 필요한 지식을 얻기 위해서이다.

그는 자신의 책읽기의 이유에 대해 이렇게 말한다.

"고물상은 절대 망하지 않는다는 불패의 신화가 깨지고 있다. 생존을 위해서는 책을 펼쳐야한다. 한 달에 4~5권으로 잠재력을 강화시킬 수 있다."

인생의 벼랑 끝에서 다시 시작해 성공의 텃밭을 가꾸어 나가고 있는 그를 보면 '하늘도 스스로 돕는 자를 돕는다' 라는 말이 새삼 생각난다.

세상에는 김창남 씨와 같은 새벽형 인간들이 헤아릴 수 없이 많다. 다만 우리의 눈에 띄지 않을 뿐. 그들을 보면 '얼마든지 나도 성공할 수 있다는 자신감' 이 생긴다. 그들이 새벽시간을 활용해 자신의 부족한 점을 채웠다면 나 역시 그렇게 할 수 있다는 생각이 들기 때문이다.

자신에게 인생을 변화시킬 능력이 있는데도 불구하고 가난에서 벗어나지 못한 채 불행하게 사는 사람들이 적지 않다. 그들은 시간의 소중함을 절실히 깨닫지 못하기 때문이다. 그러다 보니 성공의 자산인 시간을 함부로 허비하는 것이다.

성공적인 삶을 살고 싶다면 지금과는 다르게 살아야 한다. 그동안 저녁형 인간이었다면 당장 새벽형 인간으로 전향해야한다. 과감히 '달콤한 새벽잠' 이 주는 유혹을 벗어버려야 한다.

새벽의 한 시간은 평상시의 3시간과 필적한다. 그 만큼 새벽시간은 집중력이 가장 높다. 따라서 새벽 시간을 잘 활용하면 남들보다 몇 배의 경쟁적 우위를 점할 수 있다.

새벽은 당신에게 황금 같은 시간과 건강 그리고 성공을 가져다준다. 새벽 일찍 일어나는 사람들을 살펴보라. 그렇지 않은 사람에 비해 훨씬 얼굴에 생기가 돌고 활기차다. 뿐만 아니라 긍정적이고 목표 지향적이다. 육체적 건강은 말할 것도 없다. 무엇보다 당신이 생활 패턴을 새벽형으로 바꿈으로써 다른 식구들에게까지 긍정적인 영향을 미친다.

사람은 나이가 들수록 빨리 생체 리듬을 새벽형 인간으로 바꿀 필요가 있다. 30대를 지나면서도 새벽생활을 하지 못하면 평생 가난과 싸우게 된다. 시간을 헛되이 보내면서 나이를 먹는다. 그만큼 그동안의 실패를 만회할 수 있는 시간이 줄어든다는 뜻이다.

당신이 새벽형 인간 생활 패턴을 가지게 되면 부자가 되는 지름길로 들어선 것이나 마찬가지이다. 새벽 시간을 어떻게 활용하느냐에 따라 성공 여부가 달렸다고 해도 과언이 아니다. 당신 역시 새벽의 위대함과 유익함을 깨닫고 느낄 수 있기를 바란다.

04

기상 후 하루 일정을 계획, 메모하라

하루 24시간, 그리 길지 않은 시간이다. 출근해 메일을 체크하고 인터넷 서핑을 하다보면 어느새 점심시간이고 점심식사 후 나른함 속에 어영부영하다보면 어느덧 퇴근시간이다. 그러다 보면 정작 중요한 일은 하지 못하기기 일쑤이다.

어쩌면 당신은 '내 얘기잖아' 하고 뜨끔해할지도 모른다. 그러나 다행히도 당신만의 이야기가 아니라 대부분의 사람들에게 해당되는 이야기이다.

새벽형 인간 생활을 하는 사람들은 보통 4시 30분에서 5시 즈음에 기상한다. 나 역시 기상 후 샤워를 마친 후 냉수 한 잔 마시고 간단하게 스트레칭을 한다. 그러다보면 어느새 정신이 맑아지고 마음이 개운해진다. 그리고 주간 다이어리에 하루 일정을 메모한다. 스케줄을 짜는 것이다. 스케줄을 짜지 않는다면 시간을 세밀하게 나누어서 쓸 수 없다. 내가 많은 글을 쓸 수 있는 것은 다 새벽 시간에 그날의 계획을 세우기 때문이다.

시간 관리는 생각보다 어렵지 않다. 아니, 너무나 쉽다. 두 가지만 실천하면 쉽게 해결된다.

① 새벽에 하루 계획하기
② 가장 중요한 일부터 처리하기

보통 사람들은 자고 일어나면 '오늘은 뭐부터 해야 하지?' 라는 생각으로 하루를 시작한다. 하지만 이런 생각은 출근을 서두르다보면 공중 분해되고 만다.

그러나 새벽에 기상해서 그날 할 일을 계획하면 어떨까? 일찍 일어났으니 시간적 여유도 있다. 그러니 마음 편안히 하루 일정에 대해 생각해볼 수 있다. 오늘 하루를 어떻게 보낼 것인지에 대한 세부적인 시간 일정을 메모하면 효과적으로 시간을 활용할 수 있게 된다.

이때 가장 중요한 일을 먼저 스케줄에 배치한 뒤 우선순서에 따라 시간계획을 짜야한다. 사람들 가운데 일의 우선순위를 정하지 않고 무턱대고 일을 처리하는 사람이 있다. 이런 사람은 늘 시간에 쫓기게 된다. 모래와 자갈, 돌덩어리로 항아리를 채우려면 어떤 순서부터 넣는 게 가장 많은 양을 넣을 수 있을까?

정답은 돌덩어리→자갈→모래의 순서이다. 가장 큰 덩어리부터 넣은 뒤 보다 작은 물체로 사이사이 빈 공간을 채워 넣는 것이다. 시간 관리도 마찬가지라는 것을 기억해야 한다.

기업의 CEO들 중 대부분은 새벽 생활 패턴을 가진 사람들이다. 그들은 누구보다 막중한 책무를 담당해야하는 위치에 서 있다. 그런 만큼 고도의 집중력과 업무 처리능력을 겸비하지 않으면 안 된다. 그런 그들이 평상시의 3시간에 필적하는 새벽 시간을 그냥 흘러 보낼 리 만무하다. 따라서 그들이 소화해내는 모든 스케줄은 새벽의 고요함에서 비롯된다.

칼럼리스트인 예병일의 《예병일의 경제노트》에 보면 이런 내용이 있다.

기업체 CEO. 그들은 대부분 아침 일찍 일어나고 있었습니다. 《월간 중앙》이 국내 대기업 CEO 70명을 대상으로 조사해본 결과 그랬습니다. 70명 중 67명이 "나는 아침형 인간이다"라고 답했다는 겁니다. '아침형 인간' 이다, '저녁형 인간' 이다 해서 한동안 화제가 되었는데, 이와 관련해 참고할만한 통계수치가 나온 셈입니다. 좀 더 자세히 살펴볼까요?

아침형 CEO 67명 중 오전 5~6시에 일어난다는 사람은 50명(75%). 오전 4~5시에 일어난다는 사람도 11명(16%)이나 됐고, 오전 6시가 넘어 기상하는 CEO는 4명이었습니다. 오전 4시에 어김없이 일어나는 사람도 2명이 있었습니다. 실제로 옛 대우그룹의 간부들은 오전 7시 이전에 모든 회의를 마치는 것으로 유명했다고 합니다. 지금도 H중공업 간부들은 오전 6시 20분에 '간부 조찬회'를 시작하는 것으로 하루 해를 연다고 합니다. 그러려면 이들은 몇 시에 일어나야 할까요? 늦어도 새벽 4시 30분이나 5시에는 기상해야 한다는 계산이 나옵니다.

기상 시간 보다 더 중요한 통계가 있습니다. '현재의 라이프스타일을 유지한 지 얼마나 오래 되었는가'라는 질문에 대한 답이 그것입니다. '1년 미만'이라고 대답한 사람은 아무도 없었습니다. '1~2년 됐다'는 답도 1명뿐이었습니다. '3~4년째 계속 유지해 왔다'는 사람은 6명(9%). 대다수인 나머지 60명은 '5년 이상 현재의 라이프스타일을 지속해 왔다'고 답했습니다. 대부분의 CEO가 '아침형 인간' 생활을, 이 단어가 유행하기 오래 전부터 지속적으로 실천해오고 있었다는 얘기입니다.

누구나 기업체의 CEO가 될 필요는 없습니다. 그럴 수도 없는 노릇이고요. 하지만 CEO가 목표가 아니더라도, 부지런함, 노력, 철저한 자기 관리, 이런 단어들은 무언가를 성취하기 위한 필수요건인 것 같습니다.

이런 덕목은 목표가 CEO가 아니더라도, 목표가 멋진 피아니스트가 되는 것, 식당을 성공적으로 운영하는 것, 성적을 높이는 것 등이더라도 꼭 필요한 것입니다. 물론 아침형이냐 저녁형이냐는 자신의 신체 특성에 맞춰 결정해야할 겁니다.

하지만 중요한 것은, 아침형이건 저녁형이건, 업무에 집중하는 시간, 자기 계발을 하는 시간을 많이 확보하려 노력하고, 또 그 노력을 몇 개월이 아닌 5년, 10년 지속하는 것입니다. 무엇보다 CEO의 대다수가 '아침형 인간들' 이라는 사실을 한번쯤은 곰곰이 생각해 볼 일입니다.

그의 말을 곱씹어볼 만하다. 다들 지금보다 나은 인생을 원하지만 실제로는 과거와 다를 바 없는 인생을 살고 있다. 왜 그럴까? 자기 계발을 할 수 있는 시간을 확보하지 못하기 때문이다. 그래서 예병일의 말이 더욱 가슴에 꽂힌다.

지인 중에 현재 광고 기획자로 이름을 날리는 선배가 있다. 그는 처음에는 영업부 직원으로 시작했다. 그러나 그는 너무도 광고 기획 일이 하고 싶었다. 그래서 그는 새벽마다 회사에 일찍 출근해 혼자서 광고 시안을 만들었다. 그의 이런 노력을 높이 산 상사의 도움으로 광고 기획부서로 옮길 수 있었다. 2년만의 일이었다. 그는 그 후로 지금까지 쉬지 않고 새벽에 광고 기획과 마케팅에 관한 공부를 하고 있다.

하루는 그가 이런 말을 했다.

"새벽시간을 활용한다는 목표로 근 5년을 보냈어. 4년 동안 책을 보거나 계획을 세우는 일로 새벽 시간을 할애했지. 언제부터인가 내가 좋아하는 일을 새벽에 하게 되었고 나는 그 일을 위해 새벽에 일찍 일어나기 시작했어. 더욱 놀라운 것은 새벽에 했던 그 일들이 이제 꿈과 목표가 되었다는 거야."

이처럼 새벽 시간을 잘 활용하면 인생이 달라진다. 저녁노을에서 새벽노을로 바뀌는 것이다. 하루의 시작은 새벽에 달렸다. 새벽을 어떻게 시작하느냐에 따라 하루의 성공 여부가 결정되는 것이다. 그렇다면 한 달, 일 년, 10년의 성공은 무엇에 달렸을까? 이 역시 새벽에 달렸음을 잊어선 안 된다. 하루는 새벽부터 시작되고 한 달, 일 년 역시 새벽에서 출발하기 때문이다.

그렇다면 하루 일정을 계획하고 메모하는 일 외에 새벽을 좀 더 생산적으로 보내는 방법은 없을까? 물론 있다. 현재 성공적인 삶을 살고 있는 사람들에게서 배우는 것이다.

나는 그동안 일일이 열거할 수 없을 정도의 많은 성공자들을 만났다. 그들에게는 그들만의 성공 노하우가 있었다. 그것은 바로 새벽에 생각하고, 점검하고, 상상하고, 계획한다는 것이다. 그들에게 배운 네 가지는 다음과 같다.

첫째, 새벽에 '나'와 '삶', 미래에 대하여 생각하라.

성공한 사람들에게 있어 새벽은 내면세계로부터 흘러나오는 자기 영혼의 소리를 듣는 시간이다. 자신이 추구하고 싶은 가치와 원칙을 생각하고 정리해야 한다.

둘째, 어제를 되돌아보며 후회되는 일을 개선하기 위해 노력하라.

이런 과정을 통해 부족하고 아쉬운 부분은 채워나가야 한다. 지난날을 돌이켜보며 잘했던 점과 잘못했던 점이 있게 마련이다. 잘했던 점은 격려함으로써 자신감의 자원으로 삼고, 부끄러운 일은 반성하고 되풀이하지 않도록 결심해야 한다. 반성하는 사람은 밝은 미래를 가질 수 있다.

셋째, 자신의 미래에 대한 행복한 상상을 하라.

행복한 상상은 허황된 꿈과 다르다. 가치지향적인 생각과 자기반성을 통해 정제되어진 상상이기 때문이다. 이런 상상은 우리를 살아가게 하는 희망의 씨앗이다. 새벽에 하는 상상은 자신에게 믿음을 주고, 목표를 이루기 위해 행동하도록 격려한다. 그러나 이때 주의할 점이 있다. 아무 것도 하지 않으면서 내일이면 잘 될 것이라는 거짓 희망을 갖지 않는 것이다. 대부분의 사람들은 자신의 미래를 막연히 좋게 기대하는 그릇된 버릇이 있다.

넷째, 미래에 대한 계획을 세워라.

많은 것을 생각했지만 적은 것을 했고, 적은 것을 했지만 많은 것을 기대하고 있으면 안 된다. 생각하고 상상한 것을 어떻게 실현시켜 나갈 것인지를 계획해야 한다. 새벽에 계획하여 새벽 이외의 시간을 통한 행동과 실천으로 그 계획을 완성해야 한다.

새벽 시간을 어떻게 활용할 것인가를 고민하는 사람들이 있다. 이는 어리석은 고민으로 시간을 허비하는 것에 지나지 않는다. 왜냐하면 새벽 시간은 새벽 이후의 시간을 어떻게 쓸 것인가에 대한 계획을 세우는 시간이기 때문이다.

하루를 굵고 길게 사는 비결은 다양하다. 하지만 그 가운데 새벽에 기상 후 하루 일정을 계획하고 메모하는 것이 성공한 사람들의 공통점임을 꼭 기억하자.

05

일의 80% 오전에 마쳐라

직장생활 5년 차인 P씨.

그는 천근만근 무거운 몸을 겨우 일으켜 밥술을 뜨는 둥 마는 둥 먹고 집을 나선다. 밀리는 지하철 안에서 지각하지 않을까 조바심을 내며 겨우 회사에 도착한다. 그리고 상사 눈치를 보면서 숨도 가라앉기 전에 자리에 앉아 컴퓨터를 켜고 인터넷에 접속한다. 시선을 자극하는 뉴스 제목을 클릭하고 점심시간이 가까워오면 동료들과 점심 메뉴를 고르느라 시간을 보낸다.

늦은 오후에 밀린 서류로 어지러운 책상을 보며 '하루는 왜 이렇게 짧은 거야?' 하고 불평하다가 퇴근시간이 되면 당연하다는 듯 야근모드로 접어든다.

이런 일상은 어쩌면 당신의 모습일지 모른다. 다람쥐 쳇바퀴 돌듯 이러한 일상이 반복되는 이유는 당신이 20%에 집중하기 때문이다. 여기에서 20%란 급하고 중요한 일보다 덜 급하고 덜 중요한 일을 뜻한다.

앞에서 언급한 파레토의 법칙이 있다. 어느 시대나 사회를 불문하고 소득 상위 20%가 사회 전체의 부 중 80%를 소유한다는 것으로 이탈리아 경제학자 빌프레도 파레토 가 부의 분배 문제를 연구하다 발견했다. 부의 양극화 문제를 보여주는 이 파레토의 법칙은 80/20의 법칙으로 우리의 일상생활을 분석하는데도 곧잘 인용된다. 흥미로운 것은 직장인의 업무에도 이 법칙이 적용된다는 것이다.

일을 잘하는 사람들은 80/20 법칙을 지킨다. 그들은 오전에 일의 80%를 마친다. 오전에 급하고 중요한 일을 반 이상 처리하는 것이다. 그러면 체력이 떨어지는 오후를 한결 느긋하게 보낼 수 있다. 이런 사람들은 주위 사람들로부터 '일을 척척 해내는 사람' 이라는 칭찬을 듣는다.

반면에 그렇지 못한 사람들은 80/20 법칙을 역 적용 한다. 쉽게 말해 오전에 일의 20%를 마치는 것이다. 그들은 덜 급하고 덜 중요한 일에 시간을 할애한다. 이렇게 에너지 넘치는 오전 시간을 사장시켜버린다. 그리고는 오후가 되면 80%의 일을 처리하기 위해 허둥댄다. 그들이 과연 80%의 일을 마칠 수 있을까? 결코 그렇지 않다. 한 연구 결과에 의하면 그들은 40%도 처리하지 못한다고 한다. 오후에는 그만큼 주위가 산만하고 체력이 떨어지기 때문이다.

어느 직장에나 "시간이 왜 이렇게 잘 가는 거지?" 라고 푸념하는 사람들이 있다. 그들은 어제도, 오늘도 어김없이 이런 푸념을 쏟아낸다. 남들의 시간은 천천히 가는데 왜 유독 자신들만의 시간은 쏜살 같이 흐르는지 그 이유를 알지 못한다.

중요한 일일수록 오전에 마쳐야 한다. 오후가 가까워질수록 나를 찾는 핸드폰 벨소리, 전화 벨소리가 늘어난다. 여기에다 문자 메시지, 카카오 톡과 같은 SNS는 또 어떤가? 마음잡고 일에 집중하려고 하면 방해요소가 다양하게 나타난다. 그러니 도저히 일에 집중할 수 없는 것이다.

나는 중요한 일은 무조건 새벽부터 시작해서 오전에 끝낸다. 주로 원고와 칼럼을 쓰고 현재 내가 운영하는 '한국책쓰기코칭협회'에서 책 쓰기 개인 코칭을 받는 사람들의 원고를 첨삭한다. 이런 많은 일들을 하지만 거뜬히 해낸다. 왜냐하면 새벽에는 나를 방해하는 요소들이 없기 때문이다. 이른 새벽부터 나를 찾는 핸드폰 벨소리나 문자 메시지가 울리지 않기 때문에 일에 온전히 집중할 수 있다.

그래서 나는 시간이 부족하다고 투덜대는 사람들에게 "일의 80%는 오전에 마쳐야 한다."고 조언한다. 그러면 절대 시간이 부족하다는 말을 할 필요가 없다. 오히려 시간이 남아돈다. 시간에 쫓기지 않으면 마음의 여유가 있어 한결 여유로울 뿐 아니라 남은 일마저 제대로 처리할 수 있다. 그래서 성과를 발휘하는 사람들은 오전에 중요한 일을 마치는 프로세스를 가지고 있다.

지금껏 당신이 오전에는 '딴 짓' 하다가 오후에 몰아서 일을 처리했다면 절대 성과를 발휘할 수도, 조직에서 인정받을 수도 없다. 아니 인정은커녕 살아남기도 힘들다. 잘하면 현상유지 혹은 내리막길을 걷게 될 것이다.

- '승진하고 싶다!'
- '연봉을 높이고 싶다!'
- '회사에서 인정받고 싶다!'
- '내년은 지금보다 더 나은 인생을 살고 싶다!'

이런 목표를 가졌는가? 그렇다면 지금 당장 당신의 성공을 가로막는 업무 프로세스를 바꾸어야 한다. 효과적이지 않은 업무 프로세스로는 원하는 업무 성과를 거둘 수 없다.

절대 평범한 직장인들의 업무 프로세스를 따라하지 마라. 절대 그들보다 나은 삶, 성공한 삶을 살지 못 한다.

반드시 일의 80%를 오전에 마쳐라. 절대 어중이떠중이들처럼 오전 시간을 멍하게 보내지 마라. 그날 당신이 가지고 있는 에너지의 80%를 80%의 일을 처리하기 위해 쏟아라.

오늘 하루의 성공이 인생의 성공을 견인한다는 것을 기억하라. 내가 쌓고 있는 오늘 하루의 탑은 과연 견고한지, 언제 쓰러질지 모르는 사상누각과 같은 탑은 아닌지 곰곰이 생각해봐야 한다.

06

함께 갈 인맥을 떠올려라

좋은 인맥은 기회의 텃밭이다. 성공하는 사람들은 하나같이 주위에 좋은 인맥을 가지고 있다. 그들은 자신을 둘러싸고 있는 인맥으로부터 기회를 얻을 뿐만 아니라 위기도 극복한다. 꿈이 있는 사람일수록 좋은 인맥을 만들기 위해 노력해야 하는 이유가 여기에 있다.

사람들은 좋은 인맥이 중요한 이유를 알고 있다. 그럼에도 불구하고 대다수가 좋은 인맥을 형성하는 일에 소홀하다. 좋은 인맥을 만들기 위해서는 꿈, 땀, 좋은 습관, 자기 성장과 나눔, 배려, 끈기가 필요하기 때문이다. 좋은 인맥 형성에 소홀한 사람들은 거의가 간절한 꿈과 목표가 없다. 사실 이루고 싶은 꿈과 목표가 없으면 인맥 관리를 할 필요성을 느끼지 못하기 때문이다. 그냥 현상유지만 해도 나쁘지 않은데 굳이 머리품, 발품, 손품을 팔 이유가 있겠는가.

좋은 인맥을 가지기 위해서는 자기 자신이 먼저 남들에게 좋은 인맥이 되어야 한다. 시인 에머슨은 이렇게 충고했다.

"친구를 얻는 유일한 방법은 스스로 완전한 친구가 되는 것이다."

그렇다. 내가 먼저 상대에게 좋은 인맥이 되어주면 된다. 그런데 많은 이들이 인맥을 만드는 일이 힘들다고 하소연한다. 그 이유는 무엇일까? 인맥관리가 어려운 이유를 알면 좀 더 편하게 인맥관리를 할 수 있는 방법을 알 수 있다. 양광모 휴먼네트워크연구소 소장의 저서《인간관계 맥을 짚어라》에 보면 인맥 형성에 도움 되는 팁들이 있다.

1. 꿈, 목표가 없거나 작다.

→명확한 꿈과 목표가 있어야 인맥관리의 필요성을 절감하고 실천한다.

2. 인맥관리를 사람을 관리하는 것으로 오해한다.

→인맥관리는 사람을 관리하는 것이 아니라 인간관계를 관리하는 것이다.

3. 인맥관리는 소중하지만 긴급하게 느껴지지 않는다.

→인맥관리는 긴급한 일 때문에 후순위로 밀리지 않도록 주의해야 한다.

4. 인맥관리는 성품, 성격에 큰 영향을 받는다.

→인맥관리는 올바른 성품과 성격을 가져야 한다. 따라서 평생에 걸쳐 덕

을 쌓고 수양하는 것이다.

5. 인맥관리는 커뮤니케이션에 따라 크게 달라진다.

→인간관계는 커뮤니케이션이다. 경청, 공감, 자기PR, 유머 등 커뮤니케이션 스킬에 대해 배워야 한다.

6. 인맥관리는 오랜 시간과 정성을 필요로 한다.

→인맥은 하루아침에 만들어지지 않는다. 많은 시간과 노력과 정성을 기울여야 얻을 수 있다.

7. 사람은 유사한 것, 친숙한 것을 좋아하고 낯선 것을 불편해 한다.

→인맥관리는 놀던 물에서 벗어나 낯설고 새로운 관계 맺기에 익숙해야 한다.

8. 사람은 자기 자신을 가장 중요하게 생각한다.

→인맥관리는 자기 자신보다 다른 사람에게 깊은 관심을 가져야 한다.

9. 사람은 대부분 일 중심으로 사고한다.

→인맥관리는 관계를 중심으로, Give & Forget으로 생각해야 한다.

10. 인맥관리를 위해 구체적으로 무엇을 어떻게 해야 하는지 모른다.

→인맥관리는 실제적인 구축전략과 방법에 대해 체계적으로 배우고 연구해야 한다.

솔라 풀이라는 사회학자의 조사에 의하면 사람은 평생 3,500명 정도를 중요하게 알고 지내는 것으로 알려졌다. 우리의 인생은 어떤 사람들과 소통하느냐에 달렸다. 운명이라는 것은 쉽게 말해 어떤 부모, 어떤 친구, 어떤 스승, 어떤 배우자, 어떤 직장 동료들을 만나느냐가 결정짓기 때문이다.

이제 당신은 인생의 성공은 좋은 인맥에 달렸다는 것을 느낄 것이다. 뿐만 아니라 그동안 인맥관리에 무심했던 당신은 지금부터라도 인맥을 만들거나 관리해야겠다는 생각이 들 것이다. 그런 당신에게 나는 점심시간을 활용해 성공의 자산인 인맥을 형성하라고 제안하겠다. 어쩌면 당신은 이렇게 반문할지도 모른다.

밥 먹고 차 한 잔 마시기에도 바쁜 시간에 인맥 관리라니, 한가한 소리하고 있군!"

충분히 공감한다. 직장인의 점심시간은 늘 부족하니까. 사실 쫓기듯 밥을 먹고 허둥지둥 사무실로 돌아가는 모습이 오히려 자연스럽기까지 하다.

얼마 전 직장인 10명 중 4명이 "점심시간이 부족하다"고 답한 설문조사도 있었다. 하지만 주위를 둘러보면 심심찮게 점심시간을 알차게 쓰는 직장인을 볼 수 있다. 그들은 남들과 똑같이 주어지는 1시간을 쪼개 활용하는 이른바 '점심형 직장인'이다. '점심형 직장인'은 점심시간을 금쪽같이 쓰는 사람들이다. 새벽시간을 활용하는 새벽형 인간 생활을 하는 사람들이 주류를 이룬다.

'10~20분, 점심 자투리 시간이라고 절대 과소평가하지 마라.'

점심 자투리 시간을 활용하는 데서 오는 효과는 대단하다. 《점심시간의 재발견》 저자 정해윤씨는 점심시간 10분이 인생을 바꾸는 시간이 될 수 있다고 말한다. 그는 10분의 인맥관리로 1년에 100명 인맥형성하고 15분의 독서로 1년에 25권의 책을 독파하고 20분의 걷기운동으로 1년에 세 살 젊어지는 효과를 거둘 수 있다고 확신한다. 그렇기 때문에 직장인들에게 버려지는 점심시간을 이용해 '인맥'을 넓히고 '공부'를 하고 '건강' 관리도 하라고 조언한다.

이쯤 되면 점심시간을 이용한 인맥 관리법에 대해 궁금하다.

지인 중에 S사에 3년 째 '보험왕'에 오른 K가 있다. 그녀에게서 점심 자투리 시간을 활용한 인맥 관리법에 대해 배울 수 있었다.

"명함첩을 꺼내 들고 핵심 인맥이라 생각되는 사람을 중심으로 전화나 이메일을 통해 연락을 해보세요. 이때 이직이나 결혼 등 새로운 소식이 있다면 상세히 메모해야 해요. 온라인 메신저나 온라인 커뮤니티를 활용해 인맥을 관리할 수도 있습니다. 그리고 1주일에 두 번 정도는 팀이나 부서 외동료와 점심 식사를 하며 직장 내 인맥을 넓히는 것도 중요해요."

그녀는 3년 째 '보험왕'에 오를 수 있었던 성공 비결은 점심시간을 활용한 인맥관리에 있다고 귀띔했다.

일만 알고 사람 사귈 줄은 모르는 바보가 되지 마라. 요즘과 같은 '유비쿼터스 시대'에 결코 혼자서는 성공할 수 없다. 일도 관계도 자신과 뜻이 맞는 이들과 함께 소통하고 호흡을 맞춰나갈 때 기회가 주어지고 성공의 문턱에 오르게 되는 것이다.

자, 지금 당장 자기 자신에게 이렇게 자문해보라.

"지금 나와 접속할 수 있는 사람은 과연 몇이나 될까?"

07

새벽형 인간의 복병, 졸음 처방전

#1

"이런, 또 지나쳐 버렸잖아."

지하철에서 깜빡 졸다 눈을 뜬 회사원 안 씨는 후다닥 전동차에서 뛰어내렸다. 쏟아지는 잠에 취해 내려야 할 정거장을 한참 지나쳤기 때문이다. 그는 얼마 전에는 회사 고위간부들이 참석한 회의석상에서 졸다 눈총을 받기도 했다.

이처럼 때와 장소를 안 가리고 조는 바람에 그는 '수면제'라는 별명까지 얻었다.

#2

대학생인 S양은 얼마 전 졸음 때문에 황당한 일을 겪었다.

개강 후 화창한 봄, 새 학기부터 수업을 열심히 듣기로 결심해 앞자리에 앉았다. 공부를 하려는 그녀의 의지는 좋았다. 하지만 따뜻한 봄기운에 쏟아지는 졸음이 그녀를 괴롭혔다. 하필 또 앞자리에 앉아 꾸벅꾸벅 졸다보니 교수님 보기에도 민망했다. 그녀는 필사적으로 졸음을 깨야했다. 그때 그녀 앞에 음료수 한 캔이 보였다.

'음료수를 한 모금 입에 넣고 있으면 좀 나아지겠지.'

그 방법은 정말 확실한 졸음 퇴치법이었다. 조는 순간 입에 넣고 있던 음료수를 교수님 앞으로 뱉어버렸기 때문이다.

회사원 안 씨와 대학생 S양. 둘 다 하루를 세 배로 살기 위해 생활 패턴을 저녁형 인간에서 새벽형 인간으로 바꾼 사람들이다. 그동안 늦게 자고 늦게 일어났던 저녁형 인간 생활이 몸에 배어 있다.

따라서 단기간에 새벽형 인간이 되기에는 다소 무리가 있어 보인다. 그렇다고 포기해선 안 된다. 이는 담배를 끊고 난 후 겪게 되는 '금단현상'과 크게 다르지 않다. 누구나 새벽형 인간으로 생활을 바꾼 뒤 이런 졸음현상을 겪게 된다. 이때 졸음이 쏟아진다고 해서 자신과 맞지 않다고 섣불리 판단해선 안 된다. 오히려 차츰 새벽형 인간으로 변화되고 있다고 긍정적으로 생각해야 한다.

세상에서 가장 무거운 것은 눈꺼풀이라는 말이 있다. 한번 졸음이 쏟아지면 '급한 일'이나 '해야 할 일', '상사의 도끼눈' 등에 전혀 신경 쓰이지 않는다. 그만큼 졸음에서 헤어 나오기가 힘들기 때문이다.

운전하는 사람들은 '우리 신체 중에 가장 무거운 부위는 졸릴 때의 눈꺼풀'이란 말을 실감한다. 경찰이 교통사고를 집계하면서 사고원인에 '졸음운전' 항목을 넣지 않아 정확한 졸음운전 현황은 파악할 수 없지만 교통전문가들은 전체 사고의 10% 정도가 졸음운전 사고인 것으로 파악한다. 90년대 후반 도로교통안전협회가 5년 동안 고속도로 교통사고를 분석한 결과 졸음운전 사고가 전체 운전자 과실사고의 12%를 차지한 것으로 나타났다.

미국도 예외는 아니다. 미국교통안전관리국은 매년 약 10만 건의 교통사고 가운데 3~4%가 졸음운전이 원인인 것으로 추산하고 있으며, 미국에서 졸음운전 교통사고만으로 매년 약 1500명이 사망하고 7만 6천명이 다친다고 밝혔다.

90년대 중반 한 연구결과에 따르면, 치료비와 수입 상실 등 한 해 동안 졸음운전으로 인한 미국의 사회적 비용이 379억 달러에 이른다. 일본에서도 운전사가 약 8분간 졸음운전을 해 일본의 고속전철 신칸센이 자동장치 작동으로 긴급 정차하는 사고가 일어났다.

잠 연구의 권위자인 캐나다 브리티시 컬럼비아대 심리학 교수 스탠리 코렌은 이렇게 말한 바 있다.

"옛 소련 체르노빌 원전사고, 미국 스리마일 섬 방사능 유출사고, 미국 우주왕복선 챌린저 호 사고 등이 잠을 조금밖에 못 잔 사람들이 실수를 하는 바람에 벌어졌다."

이처럼 복병인 졸음 때문에 난처한 상황에 처하곤 한다. 졸음은 무기력증으로 이어져 업무에 대해서도 능률이 떨어지게 된다. 따라서 새벽형 인간으로 다시 시작하기 위해선 반드시 졸음을 퇴치해야 한다.

나는 졸음이 오는 적당한 양의 커피를 마신다. 커피를 즐겨 마시는 사람이라면 커피를 마시면 왠지 졸음이 달아나는 기분을 느꼈을 것이다. 졸음은 카페인과 관계가 있다. 레귤러커피 한 잔에는 카페인이 약 135mg정도가 들어있다. 스타벅스 커피 한 잔에는 약 130~327mg정도 함유되어 있다.

카페인은 뇌의 중추신경을 자극해 각성작용과 잠을 쫓으며 뇌 속의 도파민 농도를 증가시키는 기능을 한다. 또한 뇌에서 분비되는 아데노신이란 졸음과 관계된 화학물질을 막아 졸음을 쫓는데 도움이 된다.

커피의 카페인은 졸음을 일으키는 뇌에서 분비되는 분자인 아데노신 성분을 막아주기 때문에 각성 효과를 내는 것이다. 피로가 쌓이면 뇌에서 아데노신이 만들어지는데, 이 아데노신이 신경세포의 수용체에 결합해 신경세포 활동을 둔화시켜 졸음이 오게 된다. 카페인은 아데노신과 비슷한 구조라 신경세포 수용체에 결합할 수 있다.

카페인은 녹차에도 한 잔에 25~40mg가 들어 있고, 코카콜라 한 캔에는 26mg, 인스턴트커피 한잔에는 95mg, 핫 코코아에는 5mg이 들어 있다. 많은 진통제도 카페인을 함유하고 있다. 졸음이 쏟아질 때 커피를 마시면 잠시 잠이 달아나는 느낌이 드는 것은 바로 이 카페인의 작용 때문이다.

또 카페인은 혈관을 수축시켜 혈압을 높이고 간을 자극해 혈당을 분비시켜 몸을 활발하게 하는 효과도 있다. 때문에 커피를 마시면 왠지 두뇌나 우리 몸이 활발해지는 기분이 든다.

카페인의 각성효과에 대한 여러 연구에 따르면 카페인을 마시는 사람들이 카페인을 섭취하면 능률이 오르는 반면, 카페인을 마시던 사람이 카페인을 마시지 않으면 능률이 떨어지는 것으로 나타났다.

물론 졸린다고 해서 커피를 과하게 마셔선 안 된다. 카페인의 각성작용 때문에 불면증이 생길 수 있기 때문이다.

지인 중에 기발한 아이디어로 졸음을 퇴치하는 직장인들도 있다. 그동안 책을 쓰기 위해 만났던 직장인들 가운데 기뻤던 일, 슬펐던 일 등을 회상하며 졸음을 이긴다는 사람들도 있었다. 현재 텔레마케터로 활동하고 있는 현주영 씨는 '자신이 좋아하는 것'을 생각하며 졸음을 깬다고 한다. 또 다른 사람은 자신이 사랑하는 사람의 얼굴을 떠올리는 것만으로도 졸음을 이길 수 있다고 말했다.

"그 사람을 생각하면 왠지 마음이 두근거리고 행복해져요. 그러다보면 졸음이 싹 달아나요."

중앙 일간지 사회부 기자로 근무하고 있는 김두성 씨. 그는 졸음을 쫓는 자신만의 노하우를 이렇게 말했다.

"졸음 때문에 엉터리 기사를 쓴 후 데스크에게 깨지는 상상을 하면 더 이상 잠이 오지 않아요."

중소기업 과장으로 근무하고 있는 박성주 씨는 마사지 등 지압을 이용해 졸음을 쫓는다고 한다. 그에 따르면 아무 곳이나 대충 주무르는 것이 아니라 나름의 노하우가 있다는 것이다.

"먼저 맨얼굴을 비벼주면서 세수를 해보는 거예요. 그러면서 안면근육을 풀어주는 거죠. 특히 눈 주위를 마사지 해주는 것이 효과적이에요. 또 손가락을 쫙 펼쳐서 두개골을 지압해줍니다. 끝으로 목 뒤쪽을 주물러주면서 목을 부드럽게 돌려줍니다. 그러다보면 개운하게 잠을 깰 수 있어요."

한 소프트웨어 회사의 김애리 대리는 휴대폰을 이용해 졸음을 쫓는다. 바로 '진동알람' 기능을 이용하는 것이다.

"졸음퇴치에는 진동을 통한 자극이 최고에요. 일종의 충격 요법이죠. 몇 분 간격으로 계속 진동알람을 설정해놓는데요. 졸다가 진동이 울리면 워낙 깜짝 놀라다보니 잠이 순간 달아나요. 하지만 한 번 갖고는 어려워요. 최소한 이렇게 3~4번은 놀라야 잠이 완전히 달아난 답니다. 참, 휴대폰을 바지 주머니 속에 넣어두면 효과는 확실하답니다."

새벽형 인간으로 산다는 것은 쉽지 않다. 달콤한 잠을 뒤로 하고 이불속에서 빠져 나오기가 힘들기 때문이다.

그러나 새벽 5시에 기상하는 순간 하루를 세 배로 살 수 있다. 제때 업무를 처리하지 못할 일도 없으니 더 이상 상사의 도끼눈에 찍힐 일도 없다. 허둥대는 동료들에 비해 여유 만만한 모습은 멋지기까지 하다.

핸드폰마저 잠들어 있는 새벽에 방해할 사람은 아무도 없다. 그래서 새벽형 인간 생활을 하는 사람들은 절대 저녁형 인간 생활로 돌아가지 않는다. 황금 같은 시간을 누리는 '맛'을 알기 때문이다.

새벽형 인간으로 전향한 후 찾아오는 졸음은 저녁형 인간 생활의 '금단현상'이라고 여겨라. 금단현상이 사라질 때 당신의 일상은 건강해지게 마련이다. 뿐만 아니라 당신은 꿈과 목표, 비전을 향해 발걸음을 내딛게 된다.

08

반드시 귀가 시간을 정하라

대부분의 직장인들은 퇴근 후 곧장 귀가하지 않는다. 이런 저런 이유로 누군가를 만나게 되고 저녁을 먹거나 술을 마신다. 이 중에 저녁 식사를 겸한 술 약속이 가장 큰 비중을 차지할 것이다.

내 주위에도 퇴근 후 기분 좋게 술잔을 기울이는 사람들이 많다. 하지만 그들 중 대다수는 기분 좋게 시작해 다음날 업무에 지장을 초래하게 된다. 술을 자주 마시는 사람들의 특징이 있다. 귀가 시간이 일정하지 않다는 것이다. 10시 쯤 귀가하는 날이 있는가하면, 자정이 훨씬 넘어서 귀가하는 날들도 적지 않다. 모두들 잠들어 있는 새벽에 2차, 3차를 외치며 미친 듯이 거리를 활보하는 것이다.

나 역시도 새벽형 인간 생활을 하지 않았을 때는 지인들과 밤늦도록 술을 마시곤 했다. 1차에서 시작된 술자리는 2차, 3차로 이어졌다. 다음날 어떻게 집에 들어왔는지 기억이 나지 않을 때가 종종 있었다.

　아침 6시. 운동을 하기 위해 맞춰놓은 알람시계가 울린다. 시계 소리를 들으며 잠시 고민한다. 지금 일어날까? 그런데 어젯밤 술을 과하게 마신 탓인지 머리가 무겁고 눈이 떠지지 않는다. 잠시 망설인 후에 속으로 되뇌인다.

　'운동은 내일부터 하지.'

　오전 10시. 겨우 출근은 했지만 머리가 멍하고, 아침도 먹지 않아서 속이 쓰리다. 계속 시계를 보게 된다.

　'이제 정말 과음은 자제해야지, 도대체 몸이 따라 주질 않네. 그나저나 점심시간은 왜 이렇게 안 오지?'

　오후 5시 30분. 이제 1시간만 있으면 퇴근 시간이다. 친구들과 또 다시 술 약속을 잡았다.

　'오늘은 정말 술을 마시지 않으려고 했는데…. 조금만 마시고 일찍 들어가야지.'

　그런데 부장이 나한테 오더니 이번 주까지 끝내야 하는 기획서가 어느 정도 진행됐는지 묻는다. 별 진전이 없으면서도 잘 진행되고 있다고 말한다.

　'퇴근 시간 다 되어 가는데 기획서 얘길 하는 저의가 뭐야? 야근이

라도 하라는 거야?'

순간 고민을 한다. 기획서를 쓰긴 해야겠는데, 친구들과의 약속이 마음에 계속 남는다. 집에서 일하겠다고 마음먹고 우선 기획서와 관련된 자료를 챙긴다.

'간단히 술 한 잔하고 집에 가서 하면 되지.'

밤 12시. 간신히 택시를 잡아타고 집에 왔다. 간단히 마시고 헤어진다는 것이 3차까지 이어졌다. 집에 도착해서 대충 샤워를 하고 잠자리에 든다. 잠자리에 든 순간 회사에서 챙겨왔던 기획서가 떠오른다. 하지만 이미 몸은 움직일 생각을 하지 않는다.

'에이, 내일 하지 뭐.'

조금 비약이 섞였을지 몰라도 우리나라 직장인들 중 많은 사람이 공감하는 일상일 수 있을 것이다. 운동부터 시작해서, 직장 업무, 대인 관계 등 신경 쓸 일은 많은데 모든 것을 완벽하게 하자니 시간은 부족하고 몸도 피곤하다. 그래서 "내일 하지"라는 말을 입에 달고 산다.

백지연의 《자기설득 파워》 중에서

새벽형 인간에게 있어 일정하지 않은 귀가시간은 심각한 폐해를 가져온다. 그 중에 하나가 위의 일화에서 나오듯이 직장에서 자신의 의무와 책임을 다하지 못하게 되는 것이다. 결국 상사의 눈 밖에 나게 되어 조직생활이 꼬이게 되는 것이다.

누구나 필름이 끊길 정도로 마신 다음 날 크게 후회를 해본 적이 있을 것이다. 기억이 나지 않으니 마음은 괴롭기만 하다. 전날 밤 술자리에서 동료들에게 어떤 실수를 저질렀는지 도통 생각이 나질 않으니 그 괴로움을 오죽하랴!

인간관계에 금이 가는 이유 중 하나가 '술'을 꼽을 수 있다. 지나친 과음으로 인해 오해가 생기게 되고 시비가 붙게 된다. 결국 목소리가 높아지고 몸싸움까지 이어지게 되는 것이다.

건강한 조직생활, 인간관계, 우정, 가족관계에 불협화음을 일으키지 않으려면 가급적 술자리를 피해야 한다. 사실 직장인이 자기 뜻대로 술자리를 피하기가 쉽지 않다. 그땐 1차에서 살짝 빠져나와야 한다. 술기운에 젖어 2차, 3차를 외치는 사람들과 함께 했다가는 큰 낭패를 보기 십상이다.

술자리를 1차에서 끝내야하는 가장 큰 이유가 있다. 보통 1차 술자리는 10시 이전에 끝나기 때문이다. 사람들에게 양해를 구한 뒤 택시를 잡아타고 귀가한다면 충분히 10시 30분까지 도착할 수 있다. 그러면 11시에 잠자리에 들 수 있다. 그리고 다음 날 일찍 기상할 수 있으니 여느 날과 다름없이 상쾌하게 새벽을 맞을 수 있다. 일석삼조가 아닐까.

모두들 저녁형 인간보다 새벽형 인간 생활이 시간적 여유를 누릴 수 있다는 것을 잘 알고 있다. 그래서 많은 이들이 생활 패턴을 저녁형 인간에서 새벽형 인간으로 바꾸어보았던 경험을 가지고 있을 것이다. 그 기간도 하루에서 일주일까지 저마다 다양하다.

나는 새벽형 인간 생활이 습관화되자 이런 의문이 들었다.

'왜 사람들은 새벽형 인간 생활을 시도하다가 중도에서 포기할까?'

해답은 습관화될 때까지 끈기를 가지고 새벽형 인간 생활을 하지 않았기 때문이다. 새벽형 인간을 포기하는 사람들 중 대부분은 '일정하지 않은 귀가 시간'과 연관이 있다. 그들은 귀가 시간이 불규칙하다 보니 시간 가는 줄 모르고 술을 마시게 된다. 그러다보면 다음 날 새벽에 못 일어나게 되고 늦잠자게 된다. 이런 과정에서 자신도 모르게 '역시 새벽형 인간은 아무나 하는 게 아니야.'라는 회의감에 빠지게 된다. 이로써 새벽형 인간 생활은 종지부를 찍게 되는 것이다.

새벽형 인간이 되기로 마음먹었다면 오늘부터 당장 귀가 시간을 정하라. 그리고 술자리에 가더라도 1차에서 일어나도록 자신과 약속하라. 이 두 가지만 잘 지킨다면 새벽이 주는 여유와 상쾌함을 만끽할 수 있다.

09

아이젠하워의 특별한 시간관리 원칙

"할일은 많은데 시간이 없어."

"벌써 시간이 이렇게 됐어?"

시간은 대부분의 직장인들이 가지고 있는 고민들 가운데 하나라고 할 수 있다. 갈수록 할 일은 산더미처럼 늘어나는데 비해 시간은 눈 녹 듯이 차츰 줄어들 것이다. 시간은 일의 양에 비해 상대성이기 때문이다.

하지만 지금껏 그래왔던 것처럼 계속 시간에 쫓길 수는 없다. "시간 이 없어."라고 푸념하는 순간 상사나 동료들에게 무능력하다고 공식 선언하는 것과 다를 바 없기 때문이다. 당신은 이 말에 생트집 잡는다 고 반문할지도 모른다. 그러면 이렇게 생각해보라. 동료들 가운데 버롯처럼 "시간이 없어서…."라고 말하는 동료가 있을 것이다. 그런 동료를 볼 때면 두 가지 생각 중에 주로 어떤 생각이 떠오르는가?

'할일이 정말 많은가 보군.'
'딴 짓하니까 시간이 없지.'

두 번째 생각일 것이다. 만일 당신이 동료들에게 습관처럼 '시간이 없다'라고 말한다면 동료들에게 어떻게 비춰질지 짐작이 될 것이다.

처리해야 할 일이 많아도 시간을 잘 관리하면 시간에 쫓기지 않는다. 더 이상 시간에 쫓기지 않기 위해선 '아이젠하워의 특별한 시간관리 원칙'을 배워야 한다.

제34대 미국 대통령 드와이트 데이비드 아이젠하워는 '시간 관리의 대가'로 꼽힌다. 할 일이 엄청나게 많았는데도 가족과 많은 시간을 함께 보냈고 취미생활도 다양했다. 어떻게 그럴 수 있었을까? 업무를 네 등급으로 나누었기 때문이다.

첫째, 시급하면서도 중요한 업무

시급하면서도 중요한 일은 절대로 미루어선 안 된다. 사실 이런 일은 현실적으로 미루기도 힘들다. 만일 당장 그 일을 하지 않으면 곧바로 상사나 동료들에게 닦달하기 때문이다. 따라서 이런 종류의 일에는 큰 위험은 없다. 다만 이런 일에 대해서는 정신을 집중하고 신속 정확하게 처리할 필요가 있다.

둘째, 시급하지는 않지만 중요한 업무

이 일에 대한 처리 능력으로 상대의 업무 능력을 판단할 수 있다. 이런 일은 대체로 시간이 한결 여유롭다. 일종의 사업계획과 같은 일이거나, 어떤 일 또는 프로젝트에 대한 전략을 짜는 일 등이 이런 종류의 일이다.

그런데도 불구하고 많은 사람들은 이런 종류의 일에서 실수를 저지르곤 한다. 이는 시간적 넉넉함만 믿고 일의 진행 상황을 체크하지 않았기 때문이다. 대체로 일의 초·중반기에는 아예 잊고 있다가 마지막에 가서 벼락치기로 일을 하게 된다. 그래서 항상 시간이 부족하게 되는 것이다.

직장 생활을 떠나 인생을 놓고 볼 때도 두 번째 종류의 일은 중요하게 생각해야 한다. 건강을 챙기고, 자기 계발을 하는 것 등이 바로 중요하지만 급하지 않은 일이기 때문이다.

셋째, 시급하지만 중요하지 않은 업무

대체로 이런 일은 급하기 때문에 서두르게 된다. 그래서 시간적으로는 마감 기한에 쫓기지 않는다. 그러나 급한 일이기 때문에 서두르다가 실수를 하게 된다. 따라서 이런 종류의 일에 대해서는 위임하는 것도 한 방법일 것이다.

넷째, 중요하지도 시급하지도 않는 업무

세상에 이런 일이 있기나 하나 싶을 생각이 들 것이다. 하지만 직장생활에

서뿐만 아니라 생활 속에서 이런 일은 반드시 있다. 직장인들이 직장에서 하는 일은 전부가 직장과 관련된 일은 아니다. 직장에서 집안일을 하기도 하며, 메일을 쓰는 등의 친구와 교류도 할 수 있다.

또한 업무와 관련 없는 인터넷 서핑을 할 수도 있다. 이러한 일들은 사실 직장일이 아니기 때문에 하지 않아도 크게 상관없다. 그러나 많은 사람들이 이런 종류의 일들을 직장일보다 더 우선시한다. 그러면서 일하는 데 "시간이 모자란다."고 말하는 것이다.

"중요하지도 않은 일에 많은 시간을 허비하고, 정작 중요한 일에는 집중하지 않는다."

부하직원들이 직장 상사들로부터 가장 많이 듣는 질책 가운데 하나이다. 이 말에 내심 뜨끔한 사람들이 더러 있을 것이다. 업무 시간에 주식이나 펀드 관련 사이트에 접속하거나 친구들과 채팅하는 일, 쇼핑 사이트에서 서핑 하는 일…. 실제로 직장인들 가운데 이처럼 중요하지도 않은 일에 많은 시간을 빼앗긴다. 그러고서는 시간이 없다고 푸념하게 된다.

그런데 주위에 보면 정말 일은 많고 시간이 부족한 사람들이 있다. 이들은 한 가지 원칙만 따른다면 훨씬 시간을 넉넉하게 활용할 수 있다. 그것은 바로 '핵심 업무만 빼고 모두 위임하기' 이다. 그동안 나는 직장인들이 자신이 굳이 하지 않아도 될 일을 무리하게 붙들고 시간을 낭비하는 것을 지켜보았다. 그리고 그들에게 나는 "특별히 직접 해야 합니까?"라고 물어보았다. 그러자 "특별히 내가 해야만 하는 일이 아니에요."라는 대답이 돌아왔다. 그들은 자신이 해야만 하거나 잘하는 일도 아닌 일에 시간을 빼앗기고 에너지를 소모하고 있었던 것이다.

직장인은 각자의 위치에 따라 중요하게 해야 할 일들이 다르다. 예를 들어 사원 입장에선 실무적인 일을 꼼꼼하게 처리하는 것이 중요하다. 그리고 팀장 입장에서는 사원들이 실무적인 일을 잘해내고 있는지 관리하는 것이 중요하다. 그리고 직위가 올라갈수록 사람 관리가 더 중요해진다. 그런데 팀장의 직급에 올라서도 실무적인 일에 매달리는 사람들이 의외로 많다. 사원이 해야 할 일들을 자신이 직접 챙기고 실행하는 것이다. 그렇게 될 경우 그 사원도 성장할 수 없고 팀장 또한 자신의 핵심 업무를 놓칠 수밖에 없다. 실수를 하는 일이 있더라도 실무의 실행은 사원에게 맡겨야 한다. 실수를 통해 사원은 차츰 성장하게 되기 때문이다.

나는 시간이 부족하다고 말하는 사람들에게 이렇게 말한다.

"핵심 업무만 빼고 모두 위임하세요. 처음에는 일에 착오가 생기진 않을까 걱정도 되지만 열의 아홉은 우려했던 일이 일어나지 않아요. 그 대신 당신은 시간을 넉넉하게 쓸 수 있습니다."

모두들 자신의 일을 다른 사람에게 위임하라는 말에 두려움을 가진다. 일을 맡긴 사람이 제대로 일처리를 못하면 어쩌나 하는 걱정 때문이다. 그러나 그들 중 대부분은 자신보다 더 완벽한 일처리 능력을 보며 흐뭇한 미소를 짓게 된다.

업무의 위임은 상사, 부하직원 간의 관계에서만 가능한 것이 아니다. 동료 간에도 가능하다. 동료에게 일을 맡기게 되면 그에게 성장을 가져다준다. 그는 그 일을 통해 자신이 주 종목이 아닌 일에까지 실력을 갖추게 되기 때문이다.

시간은 부족하고 할일은 많은 사람은 과감히 업무를 위임하라. 업무를 위임하게 되면 그만큼 자신이 잘할 수 있는 핵심 업무에 집중할 수 있다.

10

'데드라인'을 정하라

"김 대리, 아직도 기획안 안 됐나?"

"저, 그게… 내일까지 올리겠습니다."

"하는 거 하고는. 일하기 싫으면 관둬. 자네 말고도 일할 사람이 줄섰으니까."

"……."

누구나 '데드라인'을 정하지 않아 낭패를 봤던 경험이 있을 것이다. 데드라인은 '더 이상은 넘어갈 수 없는 최종적인 한계'를 뜻한다. 예를 들어 상사로부터 기획안이나 보고서를 작성해서 올리라는 지시를 받았다면 탁상달력이나 눈에 잘 띄는 곳에다 '언제까지 기획안 끝내기' 정도의 데드라인을 설정해두어야 한다. 데드라인을 봄으로써 마감 기한 안에 기획안이나 보고서를 마칠 수 있다.

만일 데드라인을 설정해두지 않으면 시간적 넉넉함만 믿은 채 잊고 있다가 발등에 불 떨어진 듯 허둥대게 된다. 시간에 쫓기는 상황에서 작성한 기획안과 보고서는 미흡하게 마련이다.

데드라인(Deadline)은 신문, 잡지의 원고 마감 최종 시한 혹은 은행의 준비금 한계선을 의미한다. 넘어서는 절대 안 될, 반드시 지켜야만 할 마지노선이 바로 데드라인인 것이다. 업무 능력에서 시간을 맞추는 것도 중요한 요소이다. 데드라인을 넘기지 않고 일을 처리해내는 능력이야말로 우리에게 꼭 필요한 능력이자 자질이다.

'언제까지 하면 되겠지' 라고 막연하게 생각하다보면 절대 그 일을 그 날짜에 처리하지 못한다. '다음 주까지 끝내겠다' 는 식이 아니라 '몇 월 몇 일 몇 시까지 끝내겠다' 는 식으로 구체적으로 데드라인을 설정해두는 게 좋다. 목표가 구체적이어야 행동과 결과도 구체적으로 나타날 수 있기 때문이다.

일을 함에 있어 데드라인을 둔다는 것은 좋은 습관이다. 데드라인은 말 그대로 목숨 바쳐 지켜야할 선이 아닌가? 데드라인이 정해져있으면 느슨해지지 않을 수 있으며, 데드라인 이전에 일을 끝내야 한다는 명확한 목표가 수립될 수 있다. 일에서 일정을 관리할 때 데드라인을 정해두면 일에 대한 책임성도 더 커지고, 실제 결과도 명확해진다.

데드라인은 스스로가 정하라. 그리고 가급적 여유 있게 앞당겨서 정하는 게 좋다. 실제 마감일보다 하루 이틀 여유를 두고 자신만의 데드라인을 정해두면, 일을 끝내고 나서 다시 검토해볼 여유를 가질 수 있다. 그 여유는 일의 완성도를 더해줄 수 있으며, 시간에 쫓겨 허둥지둥 데드라인 지키는 일도 방지할 수 있다.

스스로가 정한 데드라인을 지키는 연습은 추후 습관으로 이어진다. 한두 번 데드라인을 어기기 시작하면, 데드라인에 대한 절박성을 잃어가기 쉽다. 천재지변이나 불가항력적 상황이 아니라면 절대 데드라인은 넘기지 않는 것을 철칙으로 삼아야 한다.

데드라인은 일과의 약속이자, 자신과의 약속이기도 하다. 그나마 자신과의 약속이기만 했을 때는 어기더라도 자신에게만 피해를 입히는 것이지만, 타인과 함께 하는 일의 경우에는 남들에게도 피해를 주고 업무 자체에도 피해를 주게 된다.

실제로 데드라인이 있고 없고는 생산성의 큰 차이를 가진다. 같은 사람이라도 모든 일마다 데드라인을 정해서 언제까지 꼭 해야만 하는 상황을 설정해둔 것과 데드라인 없이 할 수 있는 만큼 일을 하면 되는 상황을 설정해둔다면 전자가 후자에 비해 훨씬 더 많은 결과물을 드러내게 된다.

데드라인은 스스로에게 관대하거나 나약해지려는 자신을 컨트롤하기 위한 유용한 도구이다. 다이어리나 달력, 날짜별 스케줄표 등에 자신이 처리해야할 일의 데드라인을 모두 명기해두면 좋다. 포스트잇에 그날그날 처리해야할 일의 리스트를 붙여놓고 처리한 일을 하나씩 지워나가는 것도 좋다. 그 외에도 여러 가지 방법이 있을 수 있다.

−김용섭, '자신만의 데드라인을 만들어라', 《머니 투데이》, 2006. 4. 18

일을 잘한다는 평이 자자한 사람들을 관찰해보면 알 수 있다. 그들은 하나같이 자신만의 '데드라인'을 설정한다는 사실을 말이다. 데드라인 설정으로 마감 기한을 넘기는 무책임함을 피하는 것이다. 그런 그들이 상사나 동료들로부터 능력을 인정받는 것은 어쩌면 당연한 일일 것이다.

자기 분야에서 탁월한 성과를 내는 사람들이 있다. 평범한 사람들은 이런 사람들을 보며 스스로를 이렇게 비하한다.

"그들은 능력을 타고났으니까 할 수 있지."
"우리 같이 평범한 사람은 안 돼."

평범한 사람들은 그들이 어떤 노력으로 탁월한 성과를 발휘했는지 알려고 하지 않는다. 그저 두루뭉술하게 그들의 결과만 가지고 판단하려 든다. 오로지 '그들' 이니까 그런 성과를 냈다고 생각하는 것이다.

한 지인이 나에게 메일을 보내왔다. 내용을 간추리면 다음과 같다.

"어떤 교수가 수업을 듣는 학생들에게 숙제를 내줄 때, 어떤 경우에는 일주일 내에, 어떤 경우에는 2개월 후의 학기말에 제출하게 했다. 재미있는 현상 중의 하나는 두 가지 경우 모두, 레포트를 제출하지 않는 학생과 제출 기한을 넘기는 학생의 수가 비슷하다는 것이다. 뿐만 아니라 레포트의 질도 거의 차이가 없었다. 왜 그럴까?

만약 여러분에게 편지를 쓸 시간이 하루가 있다면 하루가 걸릴 것이다. 예컨대, 편지 쓸 사람을 생각하는데 1시간, 어떤 편지지에 어떤 내용을 쓸 것인지 생각하는 데 1시간, 볼펜과 종이를 찾는데 30분, 공상하며 전화를 받는데 1시간 30분이 걸릴 수도 있다. 결국 편지 한 통 쓰는데 하루 종일 고생했다고 불평하면서 결국 녹초가 되어 버릴지도 모른다.

그러나 반드시 30분 내에 편지를 부쳐야 할 일이 생기면 여러분은 분명 그 시간 내에 그 일을 마칠 수 있을 것이다. 시간이 많을수록 성과를 많이 내는 것이 아니라, 바쁠수록 효율적으로 일하는 것이 인간의 본성이다. 다시 말하면, 주어진 시간이 많으면 쓸데없이 일들이 부풀려진다는 것이다.

이 현상은 영국의 역사가이며 사회경제학자인 노스코트 파킨슨이 실질적인 작업량과 상관없이 공무원의 수가 증가하는 현상을 관찰해서 최초로 밝혔기 때문에 파킨슨의 법칙(Pakinson's Law)이라 한다. 중요한 것은 주어진 시간이 아니라 효용성이다. 오래 산 사람이 반드시 많이 성취하는 것은 아니지 않는가. 그러니 계획을 세울 때는 약간 타이트하게 마감 기일을 책정하는 것이 좋다."

'파킨슨 법칙'은 시간 도둑이자 시간의 함정이다. 시간의 함정에 빠지지 않으려면 어떤 일을 계획하거나 시작할 때 데드라인을 설정해야 한다. 데드라인은 일을 할 수 있도록 자기 자신을 몰아붙여주기 때문이다. 그래서 실제로 업무량이 많은 사람들 가운데 데드라인을 설정해 자신을 몰아붙이는 사람들이 많다. 나 역시 그들 부류에 속한다. 내가 많은 책을 쓰고 거기에다 기업의 사보 등에 칼럼을 쓸 수 있는 시간적 여유도 데드라인 덕분이다.

문요한의 《굿바이 게으름》에 보면 이런 글이 있다. 이 글을 가슴 깊이 새겨두면 더는 마감 시한에 쫓기는 일은 없을 것이다.

"시간 심리학을 연구하는 학자들의 연구에 따르면 인간은 하는 일이 즐겁거나, 어떠한 일이 목표를 향해 점점 다가가고 있다고 믿을 때 시간이 빨리 가는 것으로 인식한다. 즉 일을 할 때 마감 시한을 정해 두면 동기 유발과 재미를 더 확실히 느낄 수 있다."

성공의 답은 새벽에 있다

지친 마음에 힘을 주는 비타민

시_ 김태광

꿈이 있는 사람은
깜깜한 밤 속에서도 두려워하지 않는 양치기와 같다네.
꿈이 있는 사람은
빛 가운데 서 있는 사람이지만
꿈이 없는 사람은
어둠 속에 서 있는 사람이라네.
빛 가운데 서 있는 사람은 보이나
어둠 속에 서 있는 사람은 보이지 않는다네.

지금의 현실이 힘들다고 해서
순간의 작은 벤치에 앉아 마냥 쉴 수는 없지.
벤치는 잠시 휴식을 위한 여유
지친 몸과 마음에 힘을 주는 비타민.
살아가다 문득문득 현실이 바위처럼 무겁고 버거울 때
잠시 작은 벤치에다 인생을 내려놓고
커피 한잔 마실 수 있는 여유를 가지게나.

사람들은 뜨거운 여름날,
추운 겨울을 떠올리고
추운 겨울날, 무더운 여름을 떠올린다네.
그렇듯 지금의 시련과 바쁜 일상이
먼 훗날의 공허한 행복 속에서
애타게 찾을 그리움일 수 있다네.
추운 겨울을 견뎌낸 꽃이 아름답듯이
진정한 행복의 주인은
자신의 한계를 넘나드는 당신이라네.

01

꿈을 생생하게 상상하라

"무엇을 하고 싶은 가에 대해 마음속에 확실히 심어 두라. 그러고 나서는 옆길로 새지 말고 목표를 향해 곧장 전진해 나아가라. 당신이 하고 싶은 위대하고 찬란한 일들에 대해 생각하라. 보이지 않는 과녁은 맞힐 수 없으며, 이미 존재하지 않는 목표는 볼 수 없다."

대중연설가 지그 지글러의 말이다. 그렇다. 자신의 꿈을 현실로 만들기 위해선 곧장 앞만 보며 나아가야 한다. 옆과 뒤를 돌아보는 순간 시련의 돌부리에 걸려 넘어지게 된다.

나는 스무 살 시절부터 지금까지 해오고 있는 한 가지 성공 습관이 있다. 바로 새벽에 기상하자마자 내가 간절히 바라는 꿈을 생생하게 상상하는 것이다. 과거에는 다음과 같은 꿈을 생생하게 상상했다.

- 베스트셀러 작가되기

- 대한민국 최고의 성공학 강사

- TV, 라디오에 출연하기

- 해외 저작권 수출

- 내가 쓴 글이 교과서 등재

- 대기업 등 칼럼 쓰기

- 두 달에 책 한 권 출간하기

- 책 100권 쓰기

- 대형서점에서 사인회 하기

비록 내가 서 있는 현실과 꿈과의 거리가 지구에서 달까지의 거리처럼 아득하지만 나는 신경 쓰지 않았다. 나는 꿈을 놓지 않고 죽을힘을 다해 노력하면 반드시 실현된다고 믿었기 때문이다. 아니, 확신했다. 당시 나는 꿈 말고 기댈 것이 아무 데도 없었기 때문이다.

나는 새벽부터 내가 이루고자 하는 꿈을 생생하게 상상했다. 마치 내가 베스트셀러 작가가 된 것처럼 대형서점에서 많은 팬들 앞에서 사인회를 하는 모습을 상상했고, 대한민국 최고의 성공학 강사가 되어 TV에서 강연을 하는 모습도 떠올렸다. 그러자 정말 그때 상상했던 꿈들이 모두 이루어졌다.

나는 그동안 여러 성공자들을 직접 만날 기회가 있었다. 그때마다 그들에게 성공 비결에 대해 물었다. 그들 가운데 외식업으로 크게 성공한 K사장의 말씀이 아직도 귓가에 생생하다.

"그동안 제가 품고 있었던 꿈을 단 한순간도 잊은 적이 없었습니다. 그만 포기하고 싶은 순간들도 많았지만 꿈 때문에 그럴 수 없었어요. 제가 실현하고자 하는 꿈을 생생하게 떠올리면 가슴이 뛰면서 어떻게든 빨리 그 꿈을 이루고 싶은 마음이 강했기 때문이지요. 그래서 밤에 잠자리에 누우면 얼른 일을 할 수 있는 아침이 왔으면 좋겠다, 라는 생각이 들곤 했습니다. 지금 제가 성공할 수 있었던 것은 꿈을 잊지 않았기 때문입니다."

K사장이 그랬듯이 당신도 꿈을 잊지 않고 집요하게 노력하면 반드시 실현된다. 대부분의 사람들이 더 나은 인생을 살지 못하고 힘든 인생을 사는 이유는 꿈을 망각하기 때문이다. 꿈을 망각한 상태에서 최선을 다할 수는 없지 않은가.

내가 만나본 성공자들은 매일 자신의 꿈을 생생하게 상상했다. 성공한 지금도 더 큰 성공을 위해 꿈을 상상하고 있다. 사실 꿈을 생생하게 상상하는 것은 어떻게 보면 좀 유치한 일이기도 하다. 하지만 그래도 꿈을 생생하게 상상해야 한다. 왜냐하면 상상이 바로 자기암시 효과를 유발하기 때문이다. 자기 암시는 일종의 자기 최면이다. 그런데 흥미로운 것은 자기암시는 자신의 생각이나 소원을 의식적으로 잠재의식에 주입함으로써 인생을 새롭게 변화시키는 위대한 힘을 가지고 있다는 것이다.

자기암시와 관련된 다양한 사례들을 한번 살펴보자.

1976년 몬트리올 올림픽에 앞서 구소련의 선수들은 경기에서 우승하기 위해 한 가지 아이디어를 생각해냈다. 그것은 몬트리올 시의 사진을 보면서 거기서 경기를 어떻게 풀어나갈 것인지를 날마다 상상하는 것이었다. 그들은 몬트리올에 한 번도 가본 적이 없었지만 사진 속의 경기장에서 시합하는 모습들을 마음대로 상상할 수 있었다. 이런 상상을 통해 선수들은 몬트리올의 경기장에 도착 했을 때 마치 평소 자신이 자주 들렀던 곳 같은 편안함을 느낄 수 있었다. 그 결과 그들은 몬트리올 올림픽에서 좋은 성적을 거둘 수 있었다.

레오나르도 다 빈치, 아인슈타인, 에디슨, 퀴리 부인과 같은 자기 분야에서 최고가 된 사람들도 자기암시를 통해 뛰어난 상상력과 통찰력을 얻었다. 과학자들은 레오나르도의 천재적 창조성은 선천적인 것이 아니라 후천적 노력에서 기인한 것이라고 말한다. 특히 그가 즐겨 사용한 사유 도구가 바로 상상이었다.

나폴레옹 황제 역시 머릿속에 항상 군대를 조련하거나 전술을 구상했다고 알려져 있다. 또한 그는 이미지를 사령관으로 삼아 고향인 코르시카 섬의 지도에 방어 병력을 배치할 곳을 정확하게 표시해 두었다. 그가 수많은 전투를 승리로 이끌 수 있었던 비결 중 하나는 자기암시라고 할 수 있다.

아테네 올림픽에서 첫 금메달을 안긴 이원희 선수가 있다. 그는 승리 비결의 중 하나로 자기암시를 꼽았다. 그는 우승 후 인터뷰에서 이렇게 말했다.

"침대 매트리스를 유도매트로 상상해 잠을 자면서 훈련을 했어요."

베트남 포로수용소에 갇혀 7년 내내 골프경기를 상상한 네스멧 소령. 그는 포로수용소에서 석방된 뒤 실제 골프채를 잡았을 때 평소보다 타수를 20타 줄였다는 일화는 널리 알려져 있다.

과거의 나는 대학을 졸업한 뒤 수백 군데의 회사에 지원했다가 탈락한 뒤 심한 좌절감에 빠져 있었다. 그러던 어느 날 문득 마음속에 온통 부정적인 생각으로 가득 차 있다는 것을 깨닫게 되었다. 그때부터 부정적 사고를 긍정적 사고로 전환시켜주는 성공한 사람들의 저서들을 닥치는 대로 읽었다. 그들이 쓴 책은 긍정적인 사고를 가지는데 많은 도움이 되었다.

당시 나는 '작가'라는 꿈을 정했다. 그리고 그 꿈을 이루기 위해 일부러 직업도 기자를 택했는가 하면, 3년 동안 직장 출근 전 2시간, 퇴근 후 2시간 동안 책을 썼다. 그 후에도 수백 군데의 출판사로부터 원고를 퇴짜 맞아야 했다. 하지만 나는 포기하지 않았다. 계속 나의 원고를 인정해주는 출판사를 찾기 위해 노력했다. 그런 노력 끝에 원고가 책으로 출간되는 기쁨을 맛볼 수 있었다.

나는 '작가'의 꿈을 이룬 후 '베스트셀러 작가'라는 꿈을 꾸기 시작했다. 그리고 다시 치열하게 노력했다. 그 후에도 또 다른 꿈들이 새록새록 생겨났다. 나는 실현하고자 하는 것들을 적은 종이를 지갑과 가방에 넣어 다니며 수시로 들여다보며 꿈을 실현 모습을 상상했다.

당시 내가 습관적으로 했던 것이 있는데 바로 시각화, 즉 자기암시이다. 아직 원하는 것들을 이루지 못했지만 마치 이룬 것처럼 생각하고 말하고 행동하면서 성공자의 사고를 갖출 수 있었다. 그리고 내가 바라는 것들을 실현하기 위해 최선을 다해 노력했다. 그 후 믿을 수 없는 기회들이 찾아왔고, 조금씩 나의 잠재력과 가능성의 날개를 펼칠 수 있었다.

지금껏 내가 걸어온 길을 보면 모두 꿈과 관련이 있다.

작가 → 강연가 → TV · 라디오 출연 → 해외 저작권 수출 → 내가 쓴 글이 교과서 등재 → 대기업 등 칼럼 쓰기 → 책 쓰기 코치 → 35살 100권 책 출간 → 제1회 대한민국기록문화대상 수상 → 최단기간 최다집필 부문 한국

기록원 기네스 등재 → 한국책쓰기코칭협회 운영 → 대한민국 대표 책 쓰기 코치(작가 프로듀서) 활동

나는 하루 중에서 새벽 시간이 가장 에너지가 왕성하다고 생각한다. 사방이 고요해서 인생에서 가장 중요한 프로젝트를 하기에 안성맞춤이다. 나를 비롯한 성공자들은 새벽 시간을 활용해서 눈부신 인생 2막을 만들어냈다. 새벽 시간을 온전히 내 것으로 만들어야 하는 이유가 여기에 있다.

대부분의 사람들이 새벽형 인간이 되고자 하면서 얼마 못가 포기하고 만다. 가장 큰 이유는 새벽 졸음을 이기지 못하기 때문이다. 천근만근 무거운 새벽 졸음을 이기기 위해선 가슴 뛰는 꿈, 간절한 꿈을 가져야 한다. 새벽에 알람소리에 맞춰 기상하자마자 그 꿈을 생생하게 상상할 때 침대에서 일어나야 하는 이유를 떠올리게 되고 기분 좋게 하루를 시작할 수 있다.

성공의 답은 새벽에 있다. 새벽에 일어나 간절히 바라는 꿈을 생생하게 상상하라. 마치 그 꿈이 실현된 것처럼 상상하면 쏟아지는 졸음도 순식간에 달아나게 된다. 벌떡 일어나게 된다.

02

유쾌, 상쾌한 새벽 산책

생활 패턴을 저녁형 인간에서 새벽형 인간으로 전향하면 여유로운 사치를 누릴 수 있다. 그 가운데 하나로 바로 해뜨기 전 평화로운 시간에 할 수 있는 '산책'을 꼽을 수 있다. 새벽 4~5시는 모두들 깊은 잠에 빠져 있을 시각이다.

그런데 이 고요하고 평화로운 시간에 일어나 산책하면 이따금 일찍 눈 뜬 새들의 지저귀는 소리가 들려온다. 이 때 동네 주변의 공원을 천천히 거닐다보면 머리가 맑아지는 것을 느낄 수 있다. 그러다보면 자연히 몸이 개운해지고 긍정적인 생각들로 머릿속을 가득 메우게 된다.

새벽형 인간 생활을 하는 사람들은 거의가 긍정적인 사람들이다. 내가 저녁형 인간에서 새벽형 인간으로 생활 패턴을 바꾸고 나서 알 수 있었다. 새벽에 일어나는 것만으로도 무거웠던 마음이 가벼워지고 덜 우울하다는 것을.

그날 어려운 업무를 처리해야한다고 해도 '잘 될 거야' 라는 긍정적인 확신이 든다. 실제로 긍정적인 확신으로 업무를 처리하다보면 어렵게 생각되었던 일이 술술 풀리게 된다.

이미 앞에서도 언급했지만 성공한 CEO들은 하나같이 새벽형 인간이다. 기업의 입장에서 보면 CEO의 건강은 매우 중요하다. 만일 CEO에게 건강이상설이 나돌면 기업에 악영향을 미치게 된다. 그렇다보니 선진국에서는 CEO의 건강 여부가 각종 재무제표에 못지않게 중요한 투자정보가 되고 있다.

우리나라 CEO들도 나름대로 철저한 건강관리를 하고 있다. 그래서일까, 수백 명의 CEO들은 바로 그 연령대에 맞지 않는 건강한 피부를 가지고 있다. 그들은 몸에 좋지 않은 음주와 흡연은 하지 않는 편이다. 그리고 운동이나 산책으로 건강관리를 해오고 있다. 아무리 능력이 뛰어나더라도 건강하지 않으면 '사상누각' 이 된다는 것을 잘 알기 때문이다.

나는 성공한 CEO들은 어떤 식으로 산책을 하는지, 그 시간이 어떤 의미를 지니고 있는지 궁금했다. 그래서 몇몇 성공한 CEO들의 새벽 산책을 살펴보았다.

이숙희 디앤샵 전 사장

30대의 젊은 나이에 CEO를 맡으면서 화제가 된 주인공이 있다. 바로 온라인 종합쇼핑몰 디앤샵의 이숙희 전 사장이다.

그녀에게 있어 산책은 특별한 의미를 지니고 있다. 그녀의 말에 의하면 '산책'은 삶에서 중요한 부분을 차지하고 있다고 한다. 그녀는 직원 시절에도 바빴지만 CEO가 된 후 더욱 분주해졌다. 하지만 좀처럼 바쁜 요즘에도 하루 일과 중 건너뛰지 않는 것이 산책이다. 그것도 출근 전 남편과 초등학생 아들 등 세 식구가 꼭 한 시간씩 집주변 공원을 함께 걷는다.

산책이 그녀에게 특별한 의미를 지니는 것은 가족과의 시간이기 때문이다. 아내이자 엄마로서 가족에게 미안한 마음을 가지고 있는 탓에 가족과 함께 하는 산책시간은 중요한 시간이 된다.

"한참 엄마의 관심이 필요한 초등학생 아들과 새벽공기를 마시며 대화할 수 있는 시간이 되죠. 또 부부가 각자의 일에서 받는 스트레스나 고민을 서로 털어놓을 수 있는 시간이 바로 산책이에요."

그녀는 산책을 하면서 일에 대해서도 돌아본다. 디앤샵은 이 사장이 다음커뮤니케이션에서 커머스사업본부 본부장일 때 구상해서 탄생시켰다. 사실 그동안 디앤샵에 대한 열정은 남달랐다. 그녀는 아침 산책을 통해 여유를 되찾고 중요한 선택과 결정에서 항상 옳은 판단을 할 수 있었다. 산책은 그녀에게 나침반 같은 역할을 해주었다.

"산책은 빠르게 달리는 것이 아닌 천천히 주변의 모든 것을 느끼면서 걷는 것이죠. 그러다 보면 자연스럽게 마음이 평안해 지고 생활 속에서 잊어버린 여유를 찾을 수 있게 됩니다."

그녀는 보스보다는 잘못된 결정을 막아주는 참된 리더가 되고 싶다고 말했다. 그러기 위해서는 빠른 판단과 함께 주위를 볼 수 있는 여유가 필요하다는 것을 알고 있다. 그래서 그녀는 아침 한 시간 동안의 산책을 통해 달콤한 휴식을 누리는 것이다.

구학서 신세계그룹 회장

신세계 구학서 회장은 등산 애호가이다. 그는 매일 오전 5시, 이슬이 촉촉이 배어 있는 산길을 혼자 묵묵히 오른다. 귀에는 1980년대를 풍미한 전설의 록 밴드 '퀸'의 음악이 흘러나오는 MP3 플레이어 이어폰이 꽂혀 있다. 요절한 리드싱어 프레디 머큐리의 카랑카랑한 목소리가 흘러나온다. 하지만 그의 머릿속에는 오늘 해야 할 일에 대한 계획으로 채워진다.

등산 애호가인 그는 특별히 새벽 등산을 즐긴다. 그는 스스로 산책과 등산에 중독되었다고 말한다. 그는 비가 내려도 산책을 쉬지 않는다.

오히려 그는 이렇게 말한다.

"소나기가 와도 산책을 해야 하루의 시작이 개운하다."

그는 산행이 끝나면 자택의 정원을 손질한다. 그가 사무실 도착하는 시간은 7시 반쯤이다. 그 때부터 이메일을 점검하고 신문을 정독한다. 그는 격식을 차리지 않고 누구나 편안하게 대하는 것으로 유명하다. 그런 그이지만 아침시간만큼은 누구보다 엄격하다. 그는 자신의 아침 철학에 대해 이렇게 말한다.

"일찍 일어나야 맑은 정신으로 업무를 시작할 수 있다. 아침에 잠도 덜 깬 모습으로 출근하는 사람은 직장인으로서 기본이 안 돼 있다."

그가 지금의 자리에 오를 수 있었던 데는 다양한 이유가 있을 것이다. 그러나 그 중에서도 하루를 설계하는 아침 산책이 가장 큰 비중을 차지할 것이다.

새벽 산책이나 스트레칭은 새벽형 인간들만이 누릴 수 있는 '건강한 사치'이다. 특히 성공한 사람들은 이러한 사치를 통해 성공의 초석을 다졌다.

일 년의 시작이 봄이라면 하루의 시작은 새벽이다. 따라서 새벽을 어떻게 시작하느냐에 따라 그날의 성공여부가 결정된다.

03

두뇌를 깨우는 새벽형 식습관

하루 세 끼 식사 중에서 아침식사는 가장 중요하다. "아침은 황제처럼 먹고 점심은 평민처럼 먹고 저녁은 거지처럼 먹으라."라는 말이 있다. 아침식사는 하루를 시작하는 우리 몸 신진대사에 에너지를 공급하기 때문에 시동을 거는 것과 같다. 따라서 기상 후 한 시간 내에 단백질과 탄수화물이 풍부한 아침식사를 해야 한다. 그래야 신진대사와 정신기능이 활발하게 돌아가고 활기찬 하루를 시작할 수 있다.

전문가들은 하루 총열량에서 아침식사는 25~30%, 점심식사는 40%, 저녁식사는 30~35%를 차지하는 것이 바람직하다고 충고한다. 대체로 일찍 일어나게 되면 식욕이 없다. 때문에 오전 활동의 수요를 만족시키기 위해서는 용량은 작고 영양가는 풍부한 음식물을 섭취함으로써 열량의 공급을 확보해야 한다. 필요한 경우에는 약간의 간식을 곁들이는 것도 좋은 방법이다.

점심식사는 오전 활동에 의해 소모된 에너지를 보충하고, 오후 활동을 준비해야 하기 때문에 하루 식사 중에 열량이 가장 높다. 저녁식사는 다소 적게 하는데, 밤 수면 중에는 에너지의 소모량이 적기 때문이다. 그리고 너무 배부르게 되면 수면에 영향을 미친다.

그러나 많은 사람들이 아침식사를 중시하지 않거나 아예 먹지 않는다. 일반적으로 보면 아침식사를 하지 않는 사람에게는 오전의 집중력이 떨어지고, 신경 근육이 떨리며, 심지어는 혈당이 저하되어 머리가 어지럽고 가슴이 두근두근하고 식은땀이 흐르는 등의 현상이 나타난다.

이롬라이프의 부설연구소 생명과학연구원은 효율적이고 웰빙 생활에 맞게 실천할 수 있는 '새벽형 웰빙족의 5가지 식습관'을 발표했다.

생명과학연구원이 발표한 '새벽형 웰빙족의 5가지 식습관'은 다음과 같다.

첫째, 아침 식사로 몸을 깨워라

아침식사는 거르지 않아야 한다. 아침은 몸이 깨어나는 시각이기 때문에 자연스럽게 신체를 활동 모드로 전환시켜 주는 게 필요하다. 특히 아침 일찍 활동을 시작하는 새벽형 인간의 경우 식사를 통해 체온을 상승시키고

위장을 자극시켜 신체 리듬을 상승시키는 것이 중요하다.

식전 공복에 생수 한 컵을 마셔라. 생수를 마시면 위와 장기에 가벼운 자극을 주어 몸과 식욕과 정신을 깨우는 데 도움이 될 수 있다.

둘째, 아침에는 황제처럼, 활동이 줄어드는 저녁에는 거지처럼 먹어라

아침에는 활동 모드가 작동하기 시작하므로 에너지 대사 활동이 빨라지면서 열량이 쉽게 소모된다. 따라서 충분히 먹어도 살이 찔 염려가 없다. 오히려 오후 내내 활동하는 연료로 잘 활용할 수 있다.

그러나 절전 모드로 변하기 시작하는 저녁에는 몸이 에너지를 비축하는 쪽으로 바뀌기 때문에 식사의 양을 줄여야 비만이 되는 것을 막을 수 있다.

셋째, 자신에게 맞는 식사시간과 식사량을 관리하라

하루 세끼를 꼬박꼬박 먹는 것이 중요하다. 식사 시간이 불규칙하면 활동에 필요한 에너지를 원활하게 공급받지 못하고 신체의 활력 유지에도 좋지 않다.

내 몸의 리듬이 규칙적이 되도록 식사도 리듬 있게 섭취하자. 과식, 폭식은 삼가해야 한다. 점심이나 저녁 식사 때 과식, 폭식하는 경우가 많은데 음식을 한꺼번에 많이 섭취하면 위장의 부담을 증가시킬 뿐 아니라 포만감이 생기고 식곤증에도 빠지기 쉽다.

조금씩 자주 섭취하는 것이 좋다. 새벽형 인간은 지속적인 활력 유지가 중요하므로 탄수화물, 비타민이 풍부한 음식을 조금씩 자주 섭취해 주는 것이 좋다.

넷째, 피로에 민감하게 대처하라

피로와 졸음을 느낄 때 커피 등에 의존하지 마라. 하루를 일찍 시작하면 하루 활동량이 전보다 많아지게 되므로 쉽게 피로를 느끼게 된다. 그러나 이럴 때 커피 등에 의존하면 일시적인 각성효과만 나타낼 뿐 장기적으로는 오히려 몸에 부담을 가중시키므로 바람직하지 않다.

당분이 풍부한 가벼운 음식으로 피로를 푸는 것이 좋다. 피로는 그때그때 약간의 당분 섭취로 완화할 수 있다. 당분이 풍부한 가벼운 간식을 조금 섭취하면서 스트레칭 해 주는 것도 좋은 방법이다. 단, 지나친 당분 섭취는 피해야 한다.

다섯째, 스트레스 관리를 식생활에 적용하라

비타민이 풍부한 식품으로 스트레스를 줄여야 한다. 비타민이 풍부한 과일과 채소를 충분히 섭취하면 체내의 항산화 작용을 강화시켜 피로나 스트레스가 쌓이는 것을 막아줄 수 있다. 비타민C 등의 영양보충식품을 활용하는 것도 좋은 방법 중에 하나이다.

공복감을 억지로 참지 마라. 아침 식사가 빨라진 만큼 점심 식사까지의 공복감은 증가하는데 무조건 이를 참으면 신체에 무리가 가거나 스트레스로 작용할 수 있다. 오히려 탄수화물이 많이 함유된 간식 섭취로 해소하는 것이 바람직하다. 단, 이 때 섭취량은 공복감을 억제할 만큼의 소량으로 한정하는 것이 좋다.

이롬라이프 생명과학연구원 박미현 박사는 이렇게 말했다.

"새벽형 웰빙족이 되려면 수면과 운동 못지않게 새로운 삶의 리듬에 맞는 식습관과 영양 섭취가 중요합니다. 이는 보름과 그믐, 밀물과 썰물 등 자연에 일정 리듬이 있는 것처럼 체온, 혈압, 맥박, 두뇌 활동, 호르몬 분비 및 소화 흡수 등 인체의 변화에도 일정한 규칙과 리듬이 있기 때문입니다."

아침식사는 건너뛰면서 저녁식사는 황제처럼 먹는 사람들이 있다. 이는 건강을 해치는 지름길이다. 저녁에 과식하거나 기름진 음식을 먹게 되면, 혈액 속의 지방 농도가 급상승하게 된다. 그리고 수면 중에는 혈액 흐르는 속도가 완만해져 혈액 속의 많은 지방분이 혈관 벽에 쉽게 쌓임으로써 동맥경화를 초래하여 고혈압, 관상동맥경화증을 야기하게 된다. 따라서 저녁식사는 하루 식사량의 30%를 초과하지 않는 것이 좋다. 즉 저녁식사의 양은 적고 담백하게 하는 것이 바람직하다.

아침식사는 반드시 챙겨야 한다. 아침식사를 거르게 되면 오전의 집중력이 떨어지고 무기력해지게 된다. 사소한 것에도 신경이 곤두서게 되어 충동을 일으키기 십상이다. 활기차고 건강하게 업무뿐 아니라 원만한 인간관계를 위해서도 아침식사를 챙겨야 한다.

04

행복한 상상으로 하루를 시작하라

새벽형 인간이란 오전 6시 이전에 기상하는 사람을 지칭한다. 쉽게 말해 새벽에 하루를 시작하는 사람들이다. 이들은 남보다 일찍 하루를 시작하는 만큼 출근 전 시간을 2시 간 가량 온전히 누릴 수 있다. 새벽 시간은 오후 시간에 비해 집중도가 3배가량 된다는 연구 결과가 있다. 따라서 새벽 2시간의 시간은 오후 6시간과 맞먹는다고 할 수 있다. 새벽 시간을 어떻게 활용하느냐에 따라 시간 부족을 극복하고 자기 발전의 시간으로 삼을 수 있다.

그런데 새벽형 인간 생활을 하는 사람들 가운데 불쾌한 마음으로 기상하는 사람이 있다.

사람에 따라 불쾌한 마음이 생기는 이유는 다양할 것이다. 몸 컨디

선이 좋지 않거나 그날 회사에서 처리해야하는 업무의 부담 때문일 수도 있다. 뿐만 아니라 평소 관계가 매끄럽지 않은 동료의 모습이 떠오르거나 하는 일에서 즐거움을 찾지 못했을 수도 있다.

무엇보다 중요한 것은 불쾌한 마음으로 하루를 시작하게 되면 하루 종일 불쾌한 마음이 이어지게 된다는 것이다. 여기에 '끌어당김의 법칙'이 작용하기 때문이다.

기상하면서 다음과 같은 생각을 한다고 가정해보라.

'어김없이 힘든 하루의 시작이군.'
'오늘 하루도 어떻게든 버텨야지.'

이런 불쾌한 생각은 그저 생각으로 끝나지 않는다. 불쾌한 생각이 몸까지 지배하게 된다. 결국 불쾌한 생각은 힘든 현실에서 도피할 방법을 찾는다.

'어차피 일찍 일어나봐야 별 수 없잖아. 잠이나 자자.'
'이놈의 직장 당장 때려치워야 하는데….'

사실 이런 생각이 들면 이불 속에서 빠져나오는 일이 힘들다. 그래서 계속 자고 싶은 현실과 타협하게 되는 것이다.

반면에 이런 행복한 마음을 가진다고 상상해보라.

'아, 잘 잤다. 오늘도 좋은 일이 가득할 거야.'
'아, 상쾌하다. 샤워하고 나면 마음이 개운할 거야.'
'오늘은 어떤 옷을 입고 출근할까? 룰루랄라~'

자신도 모르게 만면에 미소를 띠게 되고 마음이 행복해진다. 욕실로 향하는 발걸음이 가볍기만 하다. 이처럼 기상하면 긍정적인 마음, 행복한 상상을 할 필요가 있다. 이는 즐거운 마음으로 새벽을 시작하는 주문을 외는 것과 같다.

나는 지금도 새벽에 일어나는 일이 쉽지만은 않다. 몸 컨디션이 좋지 않은 날은 '조금만 더 잘까'라는 유혹에 시달린다. 사실 어떤 날은 이 유혹에 시계의 알람을 과감히 누르기도 한다. 그러다 평소보다 늦게 일어나서는 호들갑을 뜬다. '벌써 시간이 이렇게 됐어?' 왠지 모르게 시간을 도둑맞은 것 같기만 하다. 그래서 그날은 정신없이 하루를 보내게 된다. 도둑맞은 시간을 만회하기 위해서일까 집중도도 훨씬 높다.

당신은 새벽에 일어나는 일이 힘겨울 수도 있다. 10년 가까이 새벽형 인간 생활을 해온 나도 쉽지 않은데 이제 막 시작하는 당신은 오죽

하랴. 그렇다고 해서 절대 예전의 생활과 타협해서는 안 된다. 타협하는 순간 당신의 인생 역시 멈추거나 퇴보하게 된다.

새벽에 좀 더 즐거운 마음으로 일어나는 비결이 있다. 그것은 바로 행복한 상상으로 기상해서 하루를 시작하는 것이다.

나는 이루고 싶은 꿈과 목표를 생각한다.

'어제 출판사에서 곧 출간되는 책, 서문을 써달라고 했지. 그래, 이왕 쓰는 거 멋있게 써보자.'

'오늘 하루도 열정을 다해서 강연을 해서 사람들에게 희망을 심어 줘야지.'

'자신의 이름으로 된 책을 쓰고자 하는 사람들에게 최선을 다해 코칭 해야지.'

또 때로는 그날 있을 행복한 일정을 떠올리기도 한다. 행복한 일정이란, 오랜 친구와의 만남이나 즐거운 저녁 약속, 미뤄왔던 여행 등이다. 이런 생각을 하면 나도 모르게 '더 자고 싶은 마음'이 확 달아난다.

당신도 기상 후 행복한 상상을 해보길 원한다. 만일 당신이 자동차 세일즈를 한다면 그날 있을 고객들과의 미팅을 상상하라. 미팅에서 고객이 기분 좋게 계약서에 사인하는 모습, 그날의 목표를 이루는 상상. 이런 상상만으로도 당신은 행복해진다. 행복한 마음은 온 전신으로 퍼져 졸음이 달아나게 된다.

'상상은 현실이 된다' 는 말이 있다. 이는 꿈이 현실이 되는 것과 같은 이치이다. 상상한다는 것은 그것을 갈망한다는 뜻이다. 따라서 특히 기상 후는 즐겁고 행복한 상상을 해야 한다. 그래야 그날 그런 즐겁고 행복한 현실을 맞이할 수 있기 때문이다.

05

가벼운 스트레칭으로 몸을 깨워라

새벽형 인간은 저녁형 인간보다 일찍 일어나기 때문에 하루를 더 길고 생산적으로 보낸다. 그래서 많은 직장인들이 '새벽형 인간'이 되기 위해 노력하고 있다.

얼마 전부터 생활 패턴을 저녁형에서 새벽형으로 바꾼 지인이 있다. 예전에 나는 그에게 버릇처럼 '새벽형 인간'이 될 것을 제안했다. 하지만 그때마다 그는 자신은 저녁형 인간에 가깝다고 답하곤 했다. 그랬던 그가 달라져도 너무 달라졌다. 이틀 전에 그를 만났을 때 환한 표정으로 새벽형 인간의 장점에 대해 나열했다.

"새벽형 인간이 되니 정말 좋은 점이 한두 가지가 아니네요. 아침에 일찍 일어나서 집을 나서면 교통체증이 없어 출근시간을 훨씬 절약할 수 있어서 좋아요. 그리고 동료들보다 일찍 출근하기 때문에 훨씬 여유롭게 하루를 시작할 수 있죠. 요즘은 아침시간에 부족한 외국어 공부를 하고 있어요. 다음 달부터는 새로운 자격증에 도전할 생각이에요."

"진즉에 새벽형 인간이 될 걸 그랬나 봐요. 그동안 허비한 시간들이 너무 아까워요."

이렇게 말하는 그의 모습에선 행복함이 묻어났다. 사실 이는 새벽형 인간 생활을 하는 사람들에게서 쉽게 찾을 수 있는 모습이다.

새벽형 인간 생활을 한지 오래된 사람은 습관이 되어 기상하면 마음이 즐겁고 개운하다. 그러나 시작한지 얼마 되지 않은 사람은 몸이 찌뿌드드하기 마련이다. 전날의 피로가 풀리지 않아 어깨가 결리고 몸이 딱딱하게 굳어져 있다. 이럴 때 가벼운 스트레칭은 몸을 마찰시켜 신경을 살아나게 해준다. 그래서 기상 후 가벼운 스트레칭을 하는 것이 좋다.

'스트레칭은 어떻게 하는 것이 좋을까?'

두뇌활동은 잠에서 깨어나 2~3시간 후가 가장 활발하다. 그 시간대를 지나면 능률이 떨어지기 때문에 바로 그 이후에 가벼운 운동이나 스트레칭을 하면 가장 효과적이다. 그에 비해 점심 먹고 나서 오후 3시 전후가 되면 머리의 회전이 둔해진다. 이 때 역시 가볍게 몸을 풀어주면 두뇌를 깨우는데 도움이 된다.

스트레칭에 있어 유의할 점이 있다. 사람들 가운데 일어나서 농구나 축구, 탁구나 배드민턴과 같은 시합성 운동을 하는 사람이 있다. 이런 운동은 역효과를 나타내기 때문에 지양해야 한다. 단순한 운동과는 달리 경쟁이라는 점에서 두뇌까지 사용하기 때문에 이러한 운동들은 피하는 것이 좋다. 가벼운 스트레칭이 뇌세포를 활성화시키는 데 효과적이다.

몇 가지 스트레칭 동작에 대해 함께 알아보자.

첫째, 어깨넓이 정도로 발을 벌리고 두 손으로 발목을 잡고 머리를 숙이고 심호흡을 하는 동작을 취한다. 마치 등배운동을 하다가 멈춘 듯한 동작이다. 이처럼 몸의 뒤 근육들을 늘여주면 대뇌까지 영향을 받는다. 발목을 잡고 머리를 숙이고 심호흡을 천천히 10회 정도 하면 머리도 상쾌해지고 혈액 순환도 잘되며 기억력도 좋아지게 된다.

둘째, 늘 혹사당하고 있는 어깨 근육을 풀어주는 동작이다. 의자에 앉아 있다면 손을 뒤로 해서 팔걸이를 잡고 가슴을 쭉 내밀어 주면서 심호흡을 하는 것이다.

어깨의 자세를 유지하는 승모근은 항상 일정한 자세를 유지하느라 과긴장 상태에 놓여 있다. 특히 책상에 손을 올려놓고 머리를 숙인 자세는 이 근육에 있어서 가장 나쁜 자세이다. 따라서 위와 같은 동작을 통해 근육을 자극하면서 뭉친 부분을 풀어주는 것이 반드시 필요하다.

셋째, 다리를 스트레칭 하는 것이다. 책상에 앉아 있다면 다리를 쭉 뻗고 발가락을 몸 쪽으로 구부려 마치 쥐가 났을 때 근육을 풀어주듯이 스트레칭 하는 것이다. 이런 식으로 쭉쭉 늘여 주면 다리 쪽 근육이 발달하고 다리의 근육이 발달하면 전체적인 혈액 순환이 개선된다. 따라서 항상 앉아만 있어서 피가 몰려 있는 하체의 혈액을 강제로 올려주는 효과를 볼 수 있어 매우 좋다.

넷째, 가벼운 머리 지압이다. 일단 손가락 검지, 중지, 약지를 모은다. 그리고 전체적으로 두피를 가볍게 두드려준다. 하다보면 유난히 아픈 곳이 있다. 옆머리일수도 있고 뒷머리일수도 있다. 그러한 곳은 손가락 끝을 이용하여 가볍게 문질러 주면 효과적이다. 이후 다시 가볍게 손가락으로 두드려주면 머리가 많이 개운해지고 상쾌하다.

일어나자마자 바로 일상생활을 시작해선 안 된다. 가벼운 스트레칭으로 몸과 두뇌를 깨워야 한다. 스트레칭은 자동차에 비유했을 때 출발하기 전 워밍업과 같다. 따라서 수면에서 깨어난 후 곧장 과격하게 움직인다면 몸에 무리가 갈 수밖에 없다.

이 밖에도 마른 수건을 이용해 '제2의 뇌'라 불리는 피부를 자극하면 뇌에 충분한 혈액을 공급하는 효과를 볼 수 있다. 그리고 오른손잡이일 경우 왼손으로 칫솔질을 하게 되면 뇌에 신선한 자극을 줄 수 있다.

일어나자마자 햇볕을 쬐는 것도 도움이 된다. 해가 늦게 뜨는 겨울이나 날씨가 흐린 날 아침에는 유독 일어나기가 힘들다. 이는 햇빛을 충분히 받지 못하기 때문이다.

어느 서울수면센터 H 원장의 말이다.

"사람은 누구나 생체 시간을 가지고 있는데, 수면 리듬에 영향을 주는 멜라토닌이라는 수면 호르몬과 체온의 주기를 감안할 때 체온의 최저점이 지난 후 햇빛을 쏘이면 멜라토닌의 분비가 끊기면서 우리의 몸이 깨어나게 됩니다."

이제 당신은 일찍 일어나는 것에 어느 정도 익숙해졌을 것이다. 그렇다면 즐거운 마음으로 몸과 머리를 일깨워주는 가벼운 스트레칭을 해보라. 온몸을 쭉쭉 뻗어 스트레칭을 하다보면 간밤의 피로가 말끔히 사라지면서 머릿속이 맑아지기 시작한다.

그리고 가벼운 마음으로 주변 공원으로 아침 산책을 가보자. 신선한 공기를 들이마실 때마다 절로 마음이 상쾌해지게 마련이다.

06

자신에게 맞는 새벽 모임에 참석하라

유한 자원인 시간의 소중함을 깨닫는 사람들이 늘어나면서 직장인들의 '조찬 모임'이 부쩍 늘고 있다. 본래 조찬(朝餐)은 '손님을 초대해 함께 먹는 아침식사'란 뜻이다. 그러나 지금은 아침 시간을 활용해 정보와 인맥을 교류하는 모임으로 업그레이드되었다. 빡빡한 일상 업무 탓에 시간에 쫓기듯 사는 직장인들에게 '지식충전소' 역할을 하고 있는 것이다.

오전 5시 30분.

서울의 한 특급호텔 조찬 강연회장에 경제 분야의 전문가부터 CEO, 고위관료, 기업체의 간부들의 모습이 비친다. 아직 새벽이지만 벌써 200여 석의 좌석이 꽉 찼다. 강연회장은 마치 대학 강의실처럼 뜨거운 열기로 가득 차 있다.

왜 이토록 새벽형 모임에 열광하는 걸까? 전문가들은 창의적인 아이디어를 얻고 경제 흐름을 한눈에 파악할 수 있기 때문이라고 설명한다.

새벽에 일어나 이 모임에 참석한 이유를 묻자 간부로 보이는 한 남자는 이렇게 답했다.

"주로 조찬모임에서 다루는 주제가 당면한 문제를 많이 다루고 있어서 상당히 많은 도움이 됩니다."

새벽 네다섯 시에 일어나 출근을 하고, 오전 7시면 아침회의에 참석해 하루 업무를 시작하는 얼리버드 신드롬으로 인해 대한민국의 하루가 점차 빨라지고 있다.

요즘 아침 일찍부터 각종 회의나 행사가 늘어남에 따라 호황을 누리는 곳도 있다. 호텔업계가 대표적이다. 기업들이나 관공서가 밀집한 지역은 말할 것도 없고, 서울지역 내 특급 호텔들이 조찬 강연이나 세미나 등의 조찬모임을 하려는 사람들로 아침부터 인산인해를 이룬다. 이 같은 조찬모임 붐은 서울 시내 특급 호텔들의 매출과 마케팅 전략까지 바꿔놓았다. 호텔 관계자들에 따르면 조식 매출이 지난해 같은 기간보다 50%나 급증했다고 한다.

비즈니스 모임이 많은 서울 강남의 한 특급호텔. 이 호텔은 지난해 말 기존의 200석의 뷔페식당을 300석으로 대폭 늘렸다. 식당 안에는 식사를 하면서 따로 모일 수 있는 공간을 마련했고 아침 메뉴도 대폭 보강했다. 모두 오전 5시 30분에서 6시에 시작하는 각종 조찬 모임과 강연회를 적극적으로 유치하기 위해서다.

호텔관계자에 의하면 올해 들어 조찬이 작년보다 11% 이상 성장했다고 한다. 이렇게 조찬모임이 늘어나는 건 웰빙 바람과 무관하지 않다. 저녁 술자리가 줄어든 대신 호텔에서 아침을 먹고 강연을 듣거나 회의를 갖는 게 더 좋다는 이유에서다. 여기에 남보다 더 부지런해져야 살아남을 수 있다는 사회풍토도 '조찬 모임' 열풍에 박차를 가하고 있다.

오전 5시 30분, 아직 어둠이 걷히지 않은 시각 한 지하 건물에 하나둘 사람들이 들어선다. 시계가 6시를 가리키자 100여 명의 사람들로 채워졌다. 대학생부터 증권회사 직원, 자영업자, 한의사까지 직업과 연령도 다양하다.

이날 모인 사람들은 매주 월요일 오전 6시에 독서모임을 가진다. 이들은 독서에 관련해 모임을 갖지만 줄곧 독서 토론만 하지 않는다. 얼마 전에는 땅끝마을에서 일출을 보기도 했다.

독서모임에 나오는 이민주 씨는 이들 중 기상 시간이 가장 빠르다. 오전 4시 40분이 그녀의 기상 시간이다. 이런 그녀도 독서모임에 참석하기 전까지는 '저녁 술, 아침 잠'의 전형적인 야행성으로 살아왔다. 하지만 어느 날 그녀는 '이런 식으로 살아선 안 되겠다'라는 생각이 들었고 독서모임에 참석하게 된 것이다. 그녀는 늘어난 아침 시간에 책을 읽는다.

"그동안 시간 부족으로 포기하고 있던 것 중에 많은 것을 할 수 있게 되었어요."

아침 6시에 일어나는 이희주 씨. 그녀는 출근 전까지 아이와 놀며 시간을 보낸다. 다음 달부터 기상시간을 30분 앞당기기로 했다. 가족들과 산책도 하고 여유롭게 출근하는 것이 목표다.

모임에 참석한 사람들은 수첩과 프랭클린 플래너 등 다이어리를 펴들고 메모한다. 이들은 책 읽고 토론하기, 강의 듣기 등의 다양한 활동을 함께 한다. 이런 새벽 모임에 참석한 사람들만의 공통점이 있다. 자기 계발 의지가 강하다는 것이다. 이들의 삶을 대하는 자세가 진취적인 것은 어쩌면 당연할 것이다.

나는 사람들에게 "자신에게 맞는 새벽형 모임에 참석하라."고 조언한다. 현재 많은 사람들이 더 나은 내일, 행복한 인생 2막을 위해 새벽형 모임에 참석함으로써 자기 계발을 하고 있다.

나는 최근까지 매주 월요일 오전 6시에 있는 독서모임에 참석했다 (지금은 책 쓰기 코칭, 특강, 책 집필 등 일이 많아 독서모임에 나가지 않지만). 그곳에는 다양한 직업과 연령의 사람들이 모여서 읽은 책에 대해 토론을 하면서 생각을 공유한다. 그들은 하나같이 '열심'이다. 그들의 모습을 통해 '좀 더 열심히 살아야 겠다'는 생각이 절로 든다. 그들과 2시간가량 함께 하다보면 나도 모르게 가슴 속의 열정이 되살아남을 느낀다.

사람들 가운데 새벽형 인간 생활에서 저녁형 인간 생활로 되돌아가는 사람이 있다. 나는 이들에게 자신에게 맞는 새벽 모임에 참석하라고 조언하고 싶다. 자신의 성격과 취미에 맞는 새벽 모임에 참석하는 것만으로도 새벽에 기상하는 일은 즐겁게 느껴진다.

지금보다 나은 미래를 꿈꾼다면 꼭 새벽형 모임에 참석해보라! 긍정적이고 진취적인 사고를 가진 새벽형 인간들과 접하다 보면 다양한 지식과 정보를 얻을 수 있을 뿐 아니라 왜 꿈과 목표, 희망을 가지고 살아야하는지를 깊이 느낄 수 있다. 그리고 덤으로 부지런한 그들에게서 삶의 자세를 배울 수 있다.

07

내 이름으로 된 책을 써라

지금은 '브랜드 시대'이다. 자신의 이름이 브랜딩이 된 사람은 갈수록 성공하지만 그렇지 않은 사람은 갈수록 힘들어진다. 그래서 다들 네임 브랜딩하기 위해 안간힘을 쓰고 있다.

나는 브랜딩에 있어 가장 저렴하고 효과적인 것이 책 쓰기라고 말하고 싶다. 나 역시 과거 20대 때부터 책을 쓰지 않았다면 지금처럼 칼럼을 쓰고, 강연 활동을 하고, 대한민국 책 쓰기 코치가 되는 일은 요원했을 것이다. 남들이 직장생활에 올 인할 때 나는 직장생활과 함께 내 이름으로 된 책을 썼다. 그것이 그들과 나를 갈라놓게 한 동인이었다.

나는 사람들에게 "자신이 평범하다고 생각된다면 '무조건' 책을 써야 한다."라고 말한다. 왜냐하면 평범하다는 것은 다른 사람들보다 뛰어나지 않고 그저 그런 실력을 갖추고 있는 탓에 조직에서 언제든 다른 사람으로 대체될 수 있다는 뜻이기 때문이다. 그러니 책을 써야 한다. 저서를 갖게 되면 다른 사람들에게는 없는 비밀 병기, 즉 경쟁력을 갖출 수 있다.

사람들 중에 이렇게 묻는 이들이 많다.

"책은 성공했거나 특별한 재능을 가진 사람들이 쓰는 것 아닌가요?"

반은 맞고 반은 틀렸다. 성공한 사람과 특별한 재능을 가진 사람들도 책을 쓸 수 있고, 나 같이 평범한 사람들도 쓸 수 있다. 따라서 타인들보다 뛰어난 무엇이 없다고 해서 위축될 필요는 없다. 과거의 나 역시 지극히 평범한 사람이었다. 절대 평범하다고 해서 작가가 될 수 있는 가능성을 포기해선 안 된다. 나는 고통스러우리만치 힘들었던 20대 시절에 죽어라고 글을 썼다.

그 결과 지금의 나는 어떤가? 대학 교수, 초 · 중 · 고등학교 교사, 기업의 대표, 공무원, 직장인, 가정주부, 대학생 등 다양한 분야의 사람들에게 책 쓰기 코칭을 할 정도로 존재감 있는 사람이 되지 않았는가.

내가 당신에게 평범할수록 책을 써야 한다고 말하는 또 다른 이유가 있다. 사람은 저마다 누구도 넘볼 수 없는 한 가지 정도의 콘셉트를 가지고 있다. 따라서 그 콘셉트를 잘 살려서 책으로 쓸 수 있기 때문이다.

자신의 이름이 퍼스널 브랜딩이 되어있지 않은 사람은 어느 곳, 어느 위치에 있더라도 가시방석에 앉아 있는 것과 같다. 초조하고 불안하다. 이런 사람들의 심정은 벼랑에 내몰려 언제 낭떠러지로 떨어질지 모르는 신세와 같다. 마음은 언제까지나 현역으로 남아 헌신하고 충성하고 싶지만 현실은 그렇지 않다. 이제 그만 책상 정리할 준비하라고 압박한다.

지금 나에게서 책 쓰기 코칭을 받거나 책 쓰기 특강에 참여하는 사람들 가운데 30대 후반부터 50대가 주류를 이룬다. 그들은 지금 직장에서 어떤 비전도 찾을 수 없기 때문이다. 그래서 인생 2막만큼은 자신이 하고 싶은 일을 하며 살고 싶은 열망을 가지고 있다.

책을 쓰면 평생 현역으로 즐겁고 신나게 살 수 있다. 어떻게 가능할까? 책 쓰기를 통해 자신의 이름을 브랜드화 시키기 때문이다. 저서가 한 권 한 권 쌓이다보면 자연스레 강연과 연결되고 다양한 기업에 칼럼을 쓰며 평생 현역으로 살 수 있다.

서울사이버대학교 석좌교수인 양병무 재능교육 대표가 있다. 그는 그동안 《감자탕교회 이야기》, 《주식회사 장성군》, 《행복한 논어 읽기》 등 35종의 책을 펴냈다. 그 가운데 9권이 대중서이다. 이들 대중서 9종은 종별로 작게는 수만 부에서 많게는 20만부가 팔려 독자들에게 자신의 이름을 확실하게 알렸다. 그 결과 그의 인생이 백팔십도로 달라졌다.

그는 이렇게 말한다.

"책 쓰기가 내 인생에 미친 긍정적인 영향이 지대하다. 저술가로 입지를 굳힌 후 인생이 몰라보게 달라졌기 때문이다."

양병무 대표는 저서를 썼기 때문에 자신의 분야에서 전문가로 인정받을 수 있었다. 지금은 자신이 원하는 일을 하며 누구보다 행복한 인생을 살고 있다.

과거 글쓰기와 담을 쌓았던 사람이 더 나은 인생을 꿈꾸며 책을 쓴 사람이 있다. 그는 책 쓰기를 시작한 지 8개월 만에 1,200매의 원고를 탈고할 수 있었다. 그렇게 해서 마침내 작가가 되었다. 물론 처음 책을 쓸 때의 필력은 형편없을 정도로 미약했다. 그러나 지금의 그는 어느 작가 못지않게 필력이 향상되었다. 책을 쓰는 과정을 통해 필력이 계발되었던 것이다.

그가 바로 '조관일 창의경영연구소'의 대표이자 작가칼럼니스트로 활동하는 조관일 씨다. 그는 인터파크도서 칼럼 '젊은 날에 해야 할 퇴직준비'에서 이렇게 말한다.

"책을 쓰십시오. 딱 한 권만 쓰세요. 여러 권을 쓰라는 게 아닙니다. 아니, 여러 권을 써서도 안 됩니다. 회사라는 조직은 묘한 구석이 있어서 당신이 책을 여러 권 쓰게 되면 곧바로 태클이 들어옵니다. 겉으로는 칭찬하는 체하지만, 뒤에서 눈을 흘깁니다. 책을 쓴 것만큼 현업을 게을리 했을 거라고 판단합니다. 그리하여 불이익을 줄 수 있습니다. 강조하지만, 책 한 권은 반드시 써보기를 권고합니다. 그래야 직장생활에 새로운 지평이 열립니다. 직장인으로서 어떤 일에 청춘을 다 바쳤다면 기록으로 남길 수 있는 증거물이 있어야 하지 않겠습니까?"

당신은 분명 지금보다 더 나은 인생을 살 권리가 있다. 그러기 위해선 반드시 책을 써라. 책 쓰기는 멋진 미래를 창조하는 자기 혁명이다.

당신이나 나나 지극히 평범한 사람이다. 그러니 더더욱 책 쓰기에 욕심을 내야 한다. 남이 만든 회사에서 밥벌이를 하고 있는 사람은 무조건, 반드시 책을 써야 한다. 직장에 다니는 지금 가장 안정적일 때 눈부신 인생 2막을 위한 '딴 짓'을 하자는 것이다.

책을 펴내는 순간 자신의 분야에서 전문가로 인정받게 된다. 몇 달전 한국책쓰기코칭협회에 등록해 나에게서 책 쓰기 코칭을 받아 저서를 펴내는 이들이 나오고 있다. 대표적인 예로 분당에서 유치원을 운영 중인 홍미경 원장은 올해만 벌써 《내 아이 마음 보살피기》, 《비교하는 엄마 기다리는 엄마》(베스트셀러)를 펴냈고, 12월에 세 번째 저서가 출간될 예정에 있다. 이외에도 은행원인 유길문 씨, 전주에서 바리스타학원을 운영 중인 김승연 원장, 웹 개발자인 이시형 씨, 대구지역 언론사에서 근무 중인 최영철 씨 등의 책이 12월에 출간될 예정이다.

나에게 책쓰기 개인코칭을 받는 사람들은 최단기간(2~3개월)에 작가가 된다. 놀랍지 않은가? 대부분 책은 아무나 쓸 수 없다고 여기는데 3개월 안에 작가가 된다니. 그 노하우는 내가 코칭 받는 이의 직업과 향후 꿈과 비전, 기질, 적성, 문장력 등을 감안해서 쓸 책의 주제, 콘셉트 설정, 목차 구성, 원고 집필, 사례 찾기, 원고 첨삭, 출판사 계약까지 세세하게 도와주기 때문이다.

한국책쓰기코칭협회에 대해 많은 사람들이 궁금해 하는 질문 세 가지가 있다.

첫째, 누구나 책 쓰기 코칭을 받을 수 있는가?
한국책쓰기코칭협회의 책 쓰기 특강을 통한 책 쓰기 코칭은 누구나 가능하다. 그러나 〈15주 프로그램〉과 〈52주 프로그램〉인 개인 코칭 과정은 코칭을 받고자 하는 사람의 책을 쓰고자 하는 취지의 에세이(A4 2장 내외)와 이력서, 개인 면접, 전화 면접을 통해 선발 여부를 신중하게 결정한다.
둘째, 책 쓰기 코칭은 어떤 식으로 진행되는가?
현재 서울, 대구에서 진행되고 있다. 가까운 시일에 강남에 '한국책쓰기코칭협회'를 오픈할 예정이다. 책 쓰기 코칭은 워크숍과 특강, 개인 코칭,

공저자 과정이 있다.

책 쓰기 워크숍과 특강은 하루에 끝내는 과정으로 한국책쓰기코칭협회 회원들을 대상으로 이루어진다. 개인 코칭은 〈15주 프로그램〉과 〈52주 프로그램〉 과정으로 전반적인 책 쓰기의 이해와 책 쓰기 실제인 콘셉트와 주제 설정을 비롯해 목차 기획에서 집필, 출판사 계약까지 도와준다.

셋째, 책을 출간하면 어떤 점이 좋은가?

책보다 더 세상에 나를 홍보하고 가치를 외부에 알리는 수단은 없다. 책이 서점에서 판매가 될 때마다 자신의 브랜드 가치가 향상된다고 보면 된다. 많은 사람들이 책을 펴낸 후 전문가로 인정받음은 물론, 본업 외에도 강연가, 칼럼 기고가로 활동하고 있다.

지금 하는 일에서 전문가로 인정받고 싶다면 책을 써라. 더 나은 인생을 꿈꾼다면 책을 써라. 나처럼 칼럼 쓰고 강연 다니는 일을 하고 싶다면 무조건 책을 써야 한다. 우리 부모님은 나를 낳았지만 책 쓰기는 지금의 눈부신 인생을 만들었다. 책 쓰기는 내 전부라고 해도 과언이 아니다.

책 쓰기를 통해 내가 지금의 멋진 인생을 창조했듯이 당신도 해낼 수 있다. 당신은 나보다 잘될 수 있고 성공할 수 있다는 것을 기억하라.

직장인이 책을 써야 하는 이유 5가지

① 책은 최고의 소개서이다

언론 인터뷰보다 더 영향력이 크다.

② 사회적 영향력이 크다

대중을 대상으로 책을 출간하게 되면 세상에 자신의 존재감을 드러낼 수 있다.

③ 전문가의 자격증이다

책을 출간하는 순간 자신의 분야에서 전문가로 인정받게 된다.

④ 미래가 달라진다

가슴이 뛰기 시작하고 생활에 활력이 생긴다. 다양한 기회들이 생겨난다

⑤ 사회에 공헌하는 일이다

자신의 지식과 경험, 노하우를 책에 담는다면 그 책을 읽은 사람들의 인생이 달라지게 된다.

운명을 바꾸는 새벽형 인간

나 역시 저녁형 인간 생활을 하던 20대 초반까지만 해도 우울증에 시달렸다. 당시는 주로 밤에 글을 썼는데 새벽 2~3시가 되어서 잠들곤 했다. 그리고 오전 10시쯤 일어나서 하루를 시작했는데 일어날 때마다 머리가 무겁고 자꾸만 조급증과 함께 '내 인생은 왜 이럴까' 라는 회의감이 머릿속에서 떠나지 않았다.

당시 나는 '베스트셀러 작가', '동기부여가', '내가 쓴 책 해외 판권 수출' 등의 꿈을 가지고 있었다. 그러나 나의 위치는 그런 꿈들과는 거리가 먼 것이었다. 꿈들과의 거리도 먼데다가 매일 같이 새벽녘에 잠들어 오전 중에 일어나다보니 늘 시간에 끌려 다녔고 패배자가 된 듯한 기분이었다. 그러나 저녁형 인간에서 새벽형 인간으로 전환하자 정말 거짓말처럼 우울함을 떨쳐낼 수 있었다. 새벽형 인간 생활을 하자 시간을 끌고 다니는 것은 물론 하루가 정말 길다는 것을 실감할 수 있었다.

자연히 성취감과 보람은 배가 되면서 마음은 더욱 홀가분했다. 그리고 얼마 후 내가 쓴 책이 베스트셀러에 진입했는가 하면 서른 초반에 생애 첫 특강을 하면서 동기부여가의 꿈이 시작되었다.

— 김태광(필자)

01

새벽형 인간 생활은 건강과 장수를 부른다

대체적으로 새벽형 인간 생활을 하는 사람들 가운데 건강하게 장수하는 노인들이 많다. 일찍 자고 일찍 일어나는 생활이 '건강'과 '장수' 두 마리 토끼를 잡을 수 있다.

종교계에 몸담고 있는 성직자들을 봐도 알 수 있다. 그들은 오전 2시에서 4시 사이에 기상한다. 남들은 한참 달콤한 잠에 빠져 있을 시각이다. 그러나 그들은 저녁형 인간들과 달리 건강하게 장수한다. 주위의 종교계에 몸담고 있는 사람들 가운데 질병으로 고생하는 사람들은 보기 드물다. 그 비결은 새벽형 인간 생활과 관련 있다.

WHO가 발표한 '세계보건보고서 2001'의 통계자료에 따르면 한국인의 건강수명은 66세로 세계 24위에 랭크된 것으로 나타났다. 건강수명에 있어 미국인과 비슷한 수준이다. 건강수명은 전체 평균수명에서 질병이나 부상으로 고통을 받은 기간을 제외한 건강한 삶을 유지한 기간을 의미하는 개념으로 우리나라가 이미 세계장수국가 대열에 끼어 든 것을 보여주는 것이다. 물론 세계 제1의 장수국인 이웃 일본은 우리보다 앞서 건강수명에 있어서도 73.8세로 세계 제1의 장수국가이다.

최근 국내에서 100세인 연구가 시작되어 장수의 비밀이 조금씩 밝혀지고 있다. 아직 초기 단계여서 과학적으로 입증되지 않았지만 건강하게 장수하는 노인들의 공통점은 새벽형 인간 생활과 규칙적인 식사 습관이다.

박상철 서울대 의대 교수는 "무엇을 먹느냐보다 규칙적으로 식사하는 것이 훨씬 중요하다."라고 지적했다. 아침을 거르거나 적게 먹고 대신 저녁에 포식하는 것과 같은 불규칙적인 식사 습관은 건강에 좋지 않다는 얘기로 해석할 수 있다.

오래전부터 장수 비법은 많은 논란거리가 되어왔다. 유럽에서는 유전적인 요인이 30%, 생활습관과 같은 환경적인 요인이 70%라는 연구 결과가 발표된 적이 있다. 미국 노화학회와 노인병학회는 100세인의 생활습관이 일반인들과 별반 차이가 없다며 유전적인 요인이 장수 비결이라고 주장한다.

그러나 전문의들은 한 부분에 대해서만큼은 한 목소리를 낸다.

"적게 먹고, 많이 움직이며, 술과 담배를 하지 않는 것이 중요합니다. 여기에다 일찍 자고 일찍 일어나는 새벽형 인간 생활에 긍정적인 사고를 가지면 무병장수하는 지름길입니다."

필요 이상으로 많이 먹으면 지방으로 쌓여 비만을 불러와 노화를 촉진한다. 그래서 소식은 건강한 몸과 맑은 정신을 유지하는데 도움을 준다.

'소식(少食)=장수(長壽)'라는 공식이 있다. 최근 하버드 의대에서 과학적으로 증명된 바 있다. 음식 섭취를 줄이면 세포 안의 영양소가 당연히 줄고 NAD(내부 보조효소)도 덩달아 감소한다. 그러나 미토콘드리아의 기능을 더 강화시켜 세포 노화를 더디게 한다는 것이다.

일찍 자고 일찍 일어나면 비만을 예방할 수 있다는 연구결과가 나왔다. 호주의 사우스오스트레일리아 대학 연구팀은 9~16세 청소년 2,200명을 대상으로 실시한 조사를 통해 이 같은 사실을 밝혀냈다.

연구 조사에서 수면시간이 동일해도 일찍 취침하고 일찍 기상하는 그룹이 밤늦게까지 자지 않는 그룹보다도 체형이 날씬하고 신체적으로도 활발한 것으로 드러났다. 늦게 자는 그룹의 운동량은 일찍 일어나는 그룹에 비해 약 절반 정도에 지나지 않았다.

반면에 늦게 취침하는 그룹은 일찍 자서 일찍 일어나는 그룹과 비교해 TV와 컴퓨터, 전자게임을 과도하게 즐길 확률이 2.9배, 비만이 될 확률은 1.5배나 높았다.

연구를 주도한 캐럴 마허 박사는 이런 연구결과에 대해 청소년이 골든타임대 TV를 시청하거나 소셜 네트워킹 기회가 많은 밤보다 아침 쪽이 몸을 움직이기 쉬운 환경이기 때문이라고 설명했다.

마허 박사는 성인 경우도 일찍 자고 일찍 일어나면 체중이 줄어들 뿐만 아니라 하는 일의 효율도 높아지고 기분도 더 좋아지게 됐다고 강조했다.

"무병장수하고 싶다면 새벽형 인간 생활을 하라."

수탉의 울음소리는 시계가 없던 시절 하루를 시작하는 자명종의 역할을 톡톡히 해냈다. 닭처럼 저녁잠을 충분히 자고 규칙적으로 일어나는 습관은 건강과 밀접한 관련이 있다.

밤에 자는 동안에는 '멜라토닌' 이라는 호르몬이 분비된다. 멜라토닌은 밤 시간에 대부분 이루어지는 면역 활동과 상호작용을 하며 노화에도 관계가 있다. 따라서 새벽형 인간들이 주장하는 밤 11시부터 새벽 5시까지의 수면 권장시간이 설득력이 있는 이유가 바로 여기에 있다.

특히 성장호르몬이 필요한 어린이와 청소년들은 밤 11시와 2시 사이에 성장호르몬이 가장 활발히 분비된다. 성장호르몬이 부족하면 피부의 탄력이 떨어지게 되며, 밤에 '스트레스 호르몬'이라고도 불리는 '코티졸'의 수치가 높으면 피부재생기능이 떨어지기 때문에 충분한 수면은 건강한 피부를 위해서도 좋다.

최첨단 의학의 발달로 인간의 평균 수명이 늘어가고 있다. 이제 주위에서 여든 살이 넘은 노인을 보기란 그다지 어렵지 않다. 그러나 대다수의 노인들 중에는 한두 가지 이상 질병을 안고 있다. 이제는 무조건 장수하는 것보다 건강하게 장수하는 것에 초점을 맞추어야 한다. 그러기 위해선 새벽형 인간 생활을 해야 한다. 인간의 생체시계는 저녁형 인간이 아닌 새벽형 인간으로 맞추어져 있다. 그런데 자꾸만 저녁형 인간 생활을 하게 되면 생체리듬이 망가지게 된다. 이는 질병을 부르는 주술과도 같다.

새벽형 인간 생활과 소식, 운동을 즐겨라. 이는 누구나 원하는 무병장수의 비결이다. 건강하게 오래 살고 싶다면 다음 말을 기억하자.

"수많은 불로초를 먹었던 진시황제보다 그 불로초를 찾으러 새벽 일찍 돌아다녔던 신하들이 더 오래 살았다. 매일 우유를 마시는 사람보다 그 우유를 매일 새벽에 배달하는 사람의 몸이 더 건강하다."

02

점점 설자리를 잃어가는 저녁형 인간

자수성가한 사람치고 새벽시간을 허투루 보낸 사람은 거의 없다. 세계최고의 부자인 빌 게이츠 역시 새벽 3시에 일어난다. 제너럴일렉트릭사의 회장이었던 잭 웰치는 새벽 일찍 일어나 오전 7시 30분부터 업무를 시작하는 대표적인 새벽형 인간이다. 이렇듯 우리가 아는 대부분의 성공한 사람들은 대개 아침에 깨어 있었던 사람들이었다.

당신은 조직에서 탁월한 성과를 발휘하고 싶은가? 자신의 분야에서 최고로 인정받고 싶은가? 지금보다 더 나은 내일을 맞이하고 싶은가? 그렇다면 과감히 생활 패턴을 저녁형 인간에서 새벽형 인간으로 바꾸어야 한다.

더 이상 온갖 변명과 핑계로 저녁형 인간을 예찬하지 말아야한다.

생활의 중심이 저녁인 사람치고 성공하는 사람은 별로 없다. 만일 성공한다하더라도 그 사람의 능력이나 아이디어가 탁월하기 때문에 생체 리듬이 저녁형 인간일지라도 빛을 보는 것일 뿐이다.

시간이 지날수록 모든 분야에서 경쟁은 심해지게 마련이다. 경영자건 직장인이건 자신이 이끌거나 속해 있는 조직에서 퇴출되지 않으려면 하는 일에 더욱 더 충성해야 한다. 따라서 시간을 도둑맞는 저녁형 인간은 점점 설자리를 잃어가게 마련이다.

주위에 실력을 갖추었거나 잘 나가는 사람들의 공통분모를 알 수 있다. 그들은 모두 새벽 일찍 일어나 하루를 시작하는 새벽형 인간이다.

남들이 잠들어 있는 새벽 시간을 황금 시간으로 활용한다. 독서를 하거나 외국어나 자격증 공부 등 부족한 자기 계발에 매달린다. 뿐만 아니라 그들은 남들보다 좀 더 일찍 대중교통을 이용함으로써 훨씬 여유롭게 출근하게 마련이다.

그들의 얼굴 표정에는 항상 자신감과 여유가 묻어난다. 그래서일까, 새벽형 인간들은 모두 진취적이고 긍정적인 사고를 지니고 있다. 어려운 일이 생기거나 때로 상사가 무리한 지시를 해도 얼굴에 전혀 구김살이 없다. 오히려 그 일을 자신의 능력을 발휘하는 좋은 기회로 활용한다.

반면에 저녁형 인간은 어떤가? 퇴근 후 동료나 친구들과 술자리 모임을 갖고 자정이 되어서야 귀가한다. 다음 날 늦게 일어나 아침식사를 하는 둥 마는 둥 출근한다. 한눈에 봐도 머리도 감지 않고 급히 서둘러 출근했다는 것을 알 수 있다.

동료들은 하나같이 모니터에 집중하고 있는데 비해 속이 쓰리고 졸음이 쏟아져 눈이 감긴다. 시간은 평소와는 달리 느리게 흘러간다. 동료와 말을 할 때면 술 냄새가 진동한다. 동료의 인상이 일그러지지만 당사자는 전혀 눈치 채지 못한다. 그때 상사가 내일까지 지시한 보고서를 오늘 오후까지 작성하라고 지시한다. 그는 흐리멍덩한 동태눈으로 불만 가득한 표정을 짓는다.

"부장님, 죄송한데요. 보고서 내일까지 하면 안 될까요?"

이렇게 내뱉는 순간 상사에게 자신의 무능함이 공개된다.

원자바오 중국 총리는 '서민 총리'로 유명하지만 누구보다 동서양의 고전에 조예가 깊은 문인(文人)의 면모도 갖추고 있다.
그는 각국 지도자들과 정상회담을 하거나 기자회견 때 당나라 시인 이백(李白)에서부터 영국의 문호 셰익스피어에 이르기까지 동서고금의 문인이나 철학자들이 남긴 명구를 적절하게 인용하는 것으로도 유명하기 때문이다.
실제로 원 총리는 지난해 9월 영국에서 열린 아시아유럽정상회의(ASEM)

참석을 앞두고 열린 외신 기자회견에서 '요즘 고민거리가 뭐냐'는 질문에 "생각하면 할수록 늘 존경과 외경심을 갖게 하는 유일한 두 대상은 별이 빛나는 저 하늘과 내 맘 속의 도덕률"이라는 독일 철학자 임마누엘 칸트의 '실천이성비판' 문구를 즉석에서 인용하기도 했다.

이 같은 원 총리가 최근 중국의 대학생들을 만나 자신의 학창시절 공부 방법을 솔직하게 소개해 화제다. 1919년 5.4운동을 기념하는 중국의 청년절(靑年節)인 4일 인민대학 학생들을 만난 자리에서다.

1942년 톈진(天津)에서 태어난 원 총리는 60년 베이징(北京) 지질학원 광산 지질학과에 입학해 문화대혁명 기간에 석사과정을 마칠 때까지 약 7년 동안 이 대학 기숙사에서 공부했다.

원 총리가 공개한 그의 학습 비법 제 1조는 성실함이다. "거의 매일 도서관의 마지막 등이 꺼질 때까지 공부했다"고 스스로 공개했듯이 그의 공부 절대량은 대단한 것으로 알려졌다.

제2조는 조용한 새벽 시간 100% 활용하기다. 요즘 중국 대부분 대학의 기숙사 운영체계는 원 총리의 대학시절과 거의 다르지 않다. 기숙사는 한방에 4~8명이 함께 생활하도록 되어 있어 저녁 시간에는 면학 분위기가 조성되기 어렵다. 원 총리는 "도서관에서 기숙사로 돌아온 뒤 일단 잠을 자다가 친구들이 모두 잠든 새벽 2~3시쯤 다시 일어나 공부했다"고 소개했다.

그는 열심히 공부하는 것 외에도 전략적 학습방법을 구사했다. 원 총리는 "정규 교과목에는 공부 시간의 50%만 투자했고 나머지 시간은 교과서 이

외의 분야에 투자했다"고 밝혔다. 요즘 식으로 표현하자면 제 3조는 선택과 집중 전략인 셈이다.

원 총리의 학습 비법 제 4조는 광범위한 독서. 그는 학생 시절 동서양의 고전과 현대 문학 작품을 두루 섭렵했다고 한다. 랴오닝(遼寧)성 선양(沈陽)의 한 대학 교수가 원 총리의 기자회견 인용문장을 분석한 결과, 인용 시문(詩文)의 95%는 교과서에는 나오지 않는 내용이었다. 인용문 대부분을 원 총리가 독서를 통해 스스로 체득한 내용이란 분석이다.

어떠한 정치 파벌에도 속하지 않은 원 총리가 2003년 13억 중국인의 살림을 책임지는 자리까지 오르는 데에는 학창시절부터 지켜온 독특한 학습 태도가 자양분이 된 셈이다.

원 총리의 실력은 정치 풍파가 많았던 86~92년의 격변기에 후야오방(胡耀邦), 자오쯔양(趙紫陽), 장쩌민(江澤民) 등 3명의 당 총서기를 보좌하는 당 중앙 판공청(辦公廳) 주임으로 건재했던 사실에서도 확인된다.

– 원자바오의 공부법《중앙일보》2007. 5. 8

미래지향적인 삶을 살고 싶다면 새벽형 인간이 되어야 한다. 새벽형 인간이 되어야하는 이유는 굳이 빌게이츠 마이크로소프트 회장, 원자바오 중국 총리를 재차 거론하지 않더라도 주변에서 성공하는 사람들만 봐도 알 수 있다.

03

10년 후 미래를 떠올려라

내 책상에는 오늘 목표와 주간 목표, 한 달 목표, 일 년 목표가 있다. 주간 목표는 일주일간의 목표를 달성하게 해준다. 한 달 목표, 일 년 목표 역시 마찬가지이다. 그날 처리해야할 목표를 눈에 잘 띄는 곳에 포스트잇으로 적어서 붙여둔다. 그리고 목표를 하나씩 해낼 때마다 떼 낸다. 그러면 일의 처리 현황을 실시간으로 확인할 수 있어서 좋다.

그러나 나 역시 가끔 슬럼프에 빠질 때가 있다. 그럴 때는 막연히 손을 놓고 탱자탱자 놀며 시간을 보내지 않는다. 10년 후 미래를 떠올려보는 것이다.

'10년 후 내 모습은 어떨까?'

이런 질문과 함께 상상력을 동원해 10년 후의 내 모습을 그려본다. 그러면 대한민국 최고의 책 쓰기 코치, 베스트셀러 작가, 동기부여가가 되어 많은 사람들의 가슴에 꿈과 희망을 심어주는 모습, 강남에 한국책쓰기코칭협회 사옥을 짓는 모습, 어려운 형편의 학생들에게 도움을 베푸는 장학재단을 세운 모습, 많은 청중들에 둘러 싸여 열띤 강연을 펼치는 모습 등 다양한 모습이 그려진다.

나는 또 다시 이런 질문을 던지게 된다.

'그렇게 되기 위해 지금 나는 어떻게 해야 하지?'

역시 다양한 대답이 떠오른다. 그 중에서 이 대답이 가장 동기부여가 강하다.

'지금 이 시간에 하고 있는 일에 최선을 다하라!'

나도 모르는 사이에 가슴에는 열정이 끓어오른다. 어느새 슬럼프는 자취를 감추고 없다. 이게 바로 내가 즐겨 쓰는 동기부여 비법이다.

성공하고 싶다면 지금 하는 일에 집중해야 한다. 최선을 다하지 않으면 절대 성공할 수 없다.

만일 슬럼에 빠지거나 안일해졌는데도 불구하고 그대로 방치한다면 더 나아질 게 없는 삶을 살게 될 것이다. 더 나아질 게 없는 삶은 불행한 삶 그 자체다. 자신의 삶은 정지해있는데 비해 남들은 조금씩 발전하고 있기 때문이다.

미래학자 앨빈 토플러는 2007년 6월에 서울 보성고 대강당을 찾았다. 그때 그는 "정보화 시대 직업의 세계는 정적인 세계가 아니라 역동적인 세계이다. 급격히 변화하는 시대에 하나의 직업을 가지고 평생 갈 것이라고 생각해선 안 된다"라고 충고했다.

그는 "미래에 유망한 직업은 '이것' 이라고 단정할 수 없다. 2000년대는 변화가 가속화 하는 시대이므로 오늘 직업이 내일 없어질 수 있고, 오늘 하고 싶은 일이 내일은 하고 싶지 않을 때도 있다."라고 설명했다.

강의에 이어진 질문 시간에 한 학생은 정보 시대에 유망한 직업과 학과에 대해 물었다. 그러자 그는 이렇게 답했다.

"각자의 적성에 따라 다를 것이다. 분명한 것은 근육이 아닌 머리를 쓰는 일을 해야 한다. 특히 상상력이 중요하다. 당장 눈앞에 있는 직업보다는 10~20년 후에 유망할 직업을 생각해야 한다."

우리는 앨빈 토플러의 말을 가슴에 새겨야 한다. 지금도 그렇지만 앞으로 갈수록 변화는 가속화된다. 이런 사회 풍속도에 맞춰볼 때 변화하지 않는 사람은 절대 살아남을 수 없다는 결론을 얻을 수 있다.

변화하기 위해선 가장 먼저 확보해야할 것이 '시간'이다. 대부분의 직장인들은 자신에게 어떤 면이 부족한지 알지만 변화하는데 주저한다. 그 부족한 부분을 보완하기 위해선 시간이 필요하기 때문이다.

그러나 퇴근 후 즐거운 시간을 포기할 수 없다. 그렇다고 새벽에 기상하는 것은 더더욱 힘들다. 그래서 그들은 오늘도 "시간이 없어서…"라는 핑계를 들이댄다. 하지만 지금 달라지지 않으면 영영 그 자리에서 헤어 나올 수 없다. 뿐만 아니라 지금 시간을 확보하지 못함으로써 가까운 미래는 더욱 궁핍해질 것이다.

대부분의 사람들은 누군가를 만나는 일은 주로 저녁과 밤에 이뤄진다고 생각한다. 이는 아침에 만나는 것이 더 장점이 많다는 것을 알지 못하기 때문이다. 밤에 만나면 주변 사람들에 의해 억지로라도 폭음하게 되고 다음 날 출근에 지장을 주기도 한다.

그러나 아침에 미팅을 가지면 음주 문제는 저절로 해결된다. 이른 아침부터 술을 마시는 사람은 아무도 없기 때문이다. 뿐만 아니라 아침 시간은 한정되어 있기 때문에 상대에게 집중하게 된다. 그만큼 시간을 알뜰하게 쓸 수 있다.

고요한 새벽은 창조의 시간이다. 어느 때보다 집중력이 높다. 따라서 인생을 꽃피우는 창조성은 새벽에 활발해진다.

지금 하는 일에서 좀 더 나은 성과를 얻고 싶다면 새벽을 창조의 시간으로 활용해야 한다. 그 누구에게도 방해받지 않는 시간을 가지는 것만으로도 생산성은 상승곡선을 긋게 마련이다.

당신은 10년 후 미래를 떠올렸을 때 행복한가? 그렇지 않다면 지금 생활 패턴을 바꿔야 한다. 10년 후 미래는 지금의 생활 패턴에 달렸기 때문이다. 무엇보다 생활을 저녁형 인간에서 새벽형 인간으로 전향하는 것만으로도 자신감과 희망을 가질 수 있다.

앨빈 토플러의 말을 기억하자.

"기업에서 가장 중요한 요소는 창의력과 혁신이다. 정보화시대의 기업에게는 자사의 제품을 개발해줄 수 있는 참신한 아이디어와 창의력을 가진 인재가 필요하다. 기업이 오래 살아남으려면 창의적 인재를 많이 유치해야 한다. 과격한 변화를 제품이나 서비스에 도입할 수 있는 기업이 성공한다."

04

지인들에게 '새벽형 인간' 이라는 것을 선언하라

새벽은 당신에게 부와 건강 그리고 성공을 가져다준다. 집안에 한 명만이라도 새벽형 인간 생활을 하는 가족 구성원이 있으면 나머지 구성원에까지 긍정적인 영향을 미친다. 머지않아 전 구성원들까지 평소보다 일찍 일어나거나 새벽형 인간 생활 패턴으로 전향하게 된다. 가족 모두가 새벽형 인간이 되는 일, 얼마나 즐겁고 행복한 일인가?

이 글을 읽는 독자들 가운데는 아직 대학생인 신분, 직장인, 조직에서 리더의 위치에 있는 사람 등 위치와 연령대가 다양할 것이다. 새벽형 인간 생활을 하는데 나이는 아무런 문제가 되지 않는다. 오히려 조금이라도 젊을 때 새벽형 인간 생활로 전향하는 것이 인생을 사는데 유리하다. 만일 당신이 30대의 나이에 서 있다면 당장 새벽형 인간 생활을 해야 한다. 30대를 지나면서도 새벽생활을 하지 않는다면 평생 가난에서 벗어나지 못하게 된다. 뿐만 아니라 당신이 계획하는 목표, 갈망하는 꿈을 이루지 못한 채 세상을 떠나게 될 것이다.

그동안 당신은 늦게 자고 늦게 일어남으로써 '지각'과 '시간 부족'에 시달리지 않았는가? 퇴근 후 친구 혹은 동료들과 마신 술의 숙취로 다음 날 후회해본 적도 많을 것이다. 하지만 후회는 단 이틀을 넘기지 못하고 또 다시 술자리 모임에 참석하게 된다. 지금 당신이 서 있는 위치는 만족하건, 만족하지 않건 당신이 만들었다. 이 말에 당신은 "에이, 그런 게 어디 있어?" 하고 반문할지도 모른다. 어쩌면 저녁형 인간 생활을 한다고 해서 인생이 벼랑 끝으로 내몰리는 건 너무하다는 생각이 들 수도 있다.

그러나 현실은 가혹하리만치 냉혹하다. 많은 사람들이 선택하고 결정하는 방식들 가운데 득보다 실이 많은 것이 사실이다. 그들은 오로지 쉽고 편한 길만을 찾기 때문이다. 그들이 가는 길을 따라간다면 쉽고 편할지는 모르나 불행한 인생을 살게 된다. 대부분의 사람들이 꿈을 잃고 닥치는 대로 사는 것은 이 때문이다.

당신은 성공하기 위해 태어났고, 이 책을 집어 들었다. 그리고 이 책을 읽으면서 서서히 내면에서 변화가 일어나기 시작했다. 새벽형 인간 생활이 주는 일상의 건전함과 생산성을 자각했기 때문이다. 어쩌면 당신은 내일부터 새벽형 인간 생활에 돌입하기로 결심했을 지도 모른다. 그렇다면 당신에게 박수를 보내고 싶다. 하루라도 일찍 새벽형 인간 생활로 전향하게 되면 그동안의 저녁형 인간 생활의 폐해로부터 자신을 보호할 수 있다. 무엇보다 새벽형 인간 생활을 함으로써 보다 많은 값진 보상을 전유물로 취할 것이다.

새벽형 인간 생활을 하다보면 여러 가지 난관에 봉착하게 된다. 몇 가지를 꼽아보면 다음과 같다.

첫째, 밤 9시 이전에 귀가하는 일
둘째, 1차 술자리만 참석했다가 빠져나오는 일
셋째, 가족들의 비협조
넷째, 오후 시간에 쏟아지는 졸음
다섯째, 밤 11시 이전에 잠드는 일
여섯째, 새벽 5시에 기상하는 일

사람에 따라 더 많은 어려움이 있을 것이다. 하지만 이런 어려움은 새벽형 인간 생활을 위해선 반드시 극복해야할 사항이다. 극복하지 못한다면 결국 인생을 좀먹는 저녁형 인간 생활로 되돌아가고 말 것이다.

새벽형 인간이 되기로 결심했다면 가까운 사람들에게 자신이 '새벽형 인간'이라는 것을 선언하라. 제일 먼저 가족들에게 결심을 알리는 것이 중요하다. 그래야 가족들로부터 협조를 이끌어낼 수 있기 때문이다.

가족들에게 알렸다면 차츰 직장 동료들과 친구들 즉 지인들에게도 새벽형 인간 생활을 한다는 것을 인지시켜야 한다. 그들에게 새벽형 인간이라는 것을 알리는 데는 나름의 이유가 있다. '이제부터 나는 일찍 귀가해 잠자리에 들어야한다. 따라서 술자리는 1차까지만 참석할 것이다. 많은 협조 바란다.' 와 같은 뜻이 내포되어 있기 때문이다.

새벽형 인간이 되기 위해서는 무엇보다 일찍 귀가하는 것이 중요하다. 일찍 귀가하기 위해선 술자리 모임에서 '2차, 3차'를 외치는 동료들의 유혹을 뿌리쳐야 한다. 처음에는 힘들겠지만 시간이 지나면서 동료들은 그런 당신을 이해하게 된다. 만일 이해하지 못한다면 철저히 그들을 무시해버려도 좋다. 이기적인 사람과는 상대하지 않는 것이 상책이기 때문이다.

저녁형 인간 생활에서 새벽형 인간 생활로 전향한 사람들에게 주로 듣는 소리가 "건강해졌다."는 말이다. 사실 새벽형 인간 생활을 하게 되면 밤 9시만 되어도 졸음이 쏟아진다. 내일 일어나는 일이 부담되어 예전처럼 누군가와 자정까지 술 마시는 일도 없다. 그러니 자연히 건강해질 수밖에.

새벽형 인간은 그렇지 않은 사람에 비해 직장에서 성실한 사람으로 비춰진다. 그러다보니 동료들로부터 호감을 사게 되고 평판이 좋다. 이는 업무적 차원에서 인정을 받는데 한 몫 한다.

인생 2막은 지금껏 살아왔던 인생과는 차원이 다르다. 그동안 아침에 눈 뜨는 일이 고통스러웠지만 이제부터는 기상하는 일이 가장 행복하다. 평화롭고 고요한 새벽이 주는 나만의 시간은 달콤한 유혹이다.

창조성이 눈 뜨는 시간에 당신은 집중력을 발휘해 가장 생산적인 일을 한다. 그 결실은 머지않은 미래에 성공의 열매로 매달릴 것이다. 무엇보다 이런 희망이 있다는 것만으로도 살아있는 자체가 행복하게 여겨질 것이다.

마지막으로 나는 당신에게 한 가지 부탁이 있다. 당신은 분명 새벽형 인간 생체리듬으로 전향한 후 많은 긍정적인 경험을 하게 될 것이다. 그 일들에 대해 나에게 메일로 알려주면 고맙겠다. 당신의 놀라운 경험을 아직도 저녁형 인간 생체리듬에서 탈피하지 못한 사람들에게 기쁜 마음으로 소개하겠다. 그들에게 신선한 충격이 될 테니.

05

내 인생, 지금부터 시작이다

사람은 누구나 자신이 원하는 인생을 살 수 있는 능력을 갖고 있다. 그런데 대다수의 사람들이 자신이 원치 않는 인생을 살아가며 부모와 세상을 탓하며 살아간다. 정말 안타까운 일이 아닐 수 없다.

성공하는 인생을 살고자 한다면 생활 패턴을 바꿔야 한다. 그러기 위해선 먼저 '나는 꿈을 이룰 수 있고 원하는 인생을 살 수 있다'라는 마인드 전환이 따라야 한다. 마인드 전환이 이뤄지지 않고선 절대 저녁형 인간 생활 패턴에서 새벽형 인간 생활 패턴으로 바뀌지 않기 때문이다.

성공자들은 하나같이 새벽형 인간이다. 물론 그들이 단순히 새벽 일찍 일어나서 열심히 일했기 때문에 성공한 것은 아니다. 새벽에 기상하게 되면 명징한 사고로 그날 할 일을 미리 체크해보며 전략을 생각할 수 있다. 즉, 시간과 노력을 효율적으로 쓸 수 있다는 것이다. 이것이 그들이 성공한 이유이다.

성공하는 인생을 삶에 있어 습관은 너무나 중요하다. '세계적인 성공학의 대가' 브라이언 트레이시는 저서 《백만불짜리 습관》에서 다음과 같이 말했다.

"당신이 생각하고 느끼고 행동하고 성취하는 모든 것의 95%는 습관의 결과다. 어린 시절부터 당신은 거의 모든 상황에서 자동적으로 반응하는 일련의 조건반사를 발전시켜왔다. 간단히 말하면, 성공하는 삶은 '성공하는 습관'을 가지고 있고, 실패하는 사람은 '실패하는 습관'을 가지고 있다."

그렇다. 성공하는 인생을 만들어 가는데 있어 성공하는 습관은 매우 중요하다. 성공하는 인생을 꿈꾸면서 실패하는 습관을 가진다면 분명 불행한 인생을 살게 된다. 성공하는 습관 가운데 사소하지만 간과할 수 없는 것이 새벽 시간 활용이다. 새벽 시간은 99%의 평범한 사람들을 1%의 특별한 사람으로 만들어주는 마법이기 때문이다.

자신의 실패 경험, 즉 '실패학'을 이용해 입신한 인물로 꼽히는 브라이언 트레이시 역시 전형적인 새벽형 인간에 속한다. 현재 IBM, 포드, HP, 지멘스, BMW 등의 500개가 넘는 세계적인 기업들이 그의 성공학에 귀를 기울이고 있다. 매년 강연으로 전 세계 25만 명의 청중들을 만난다. 365일 중 110일 강연하는 그의 강연은 보통 1년 전에 예약이 끝난다.

브라이언 트레이시의 강연은 여느 강사들과 다르다. 그의 강연을 들으면 나도 모르게 내면에서 열정이 솟구치면서 '나도 할 수 있다'라는 자신감이 생겨난다. 특히 그의 강연은 경영학, 세일즈, 마케팅, 경영, 부동산 개발 등 20개가 넘는 직업을 전전하면서 갖춰진 그만의 전문지식과 식견과 더불어 다양한 실패와 성공이 어우러져 그의 강연을 들어보면 누구나 강한 동기부여가 된다.

무일푼으로 성공한 전형적인 자수성가형 백만장자이면서 자기 계발 영역의 세계적인 지도자 중의 한 사람이다. 그의 성공비결은 무엇일까? 바로 확고한 꿈과 노력, 새벽 시간 활용에서 찾을 수 있다.

그의 어린 시절은 결코 순탄하지 않았다. 아버지가 실직자였기에 어려서부터 지독한 가난에 시달려야 했다. 열 살 때부터 이웃집 잔디 깎는 일을 비롯해 신문배달 등 닥치는 대로 일을 했다. 결국에는 학비조차 없어 고등학교를 중퇴하고는 막노동을 시작해야 했으며, 더 이상 막노동도 할 수 없게 되자 거리를 전전하는 노숙자로 전락했다. 그러다 노르웨이의 화물선에 일자리를 얻어 전 세계를 돌아다니다 돌아와 스물세 살에 세일즈를 시작했다. 그러나 그는 한 달 동안 열심히 고객을 만났지만 실적이 제로에 가까웠다.

그는 어느 날 문득 이런 생각이 들었다.

"왜 세상에는 '성공하는 사람'과 '실패하는 사람', '부자'와 '가난'한 사람들로 양분되는 걸까? 그 이유는 무엇일까?"

그 이유를 찾기 위해 심리학, 철학, 경제학, 경영서 등 닥치는 대로 읽었다. 아울러 회사에서 최고의 실적을 올리는 선배 세일즈맨을 찾아가 비결을 물었다.

"어떻게 하면 당신처럼 영업을 잘 할 수 있습니까?"

그러자 선배 세일즈맨이 반문했다.

"먼저 자네는 어떻게 일을 하고 있지? 자세하게 말해줄 수 있겠나?"

트레이시는 선배 세일즈맨에게 자신의 세일즈 방식에 대해 말해주었다. 그러자 선배 세일즈맨은 그에게 이런 저런 조언을 해주었다.

선배 세일즈맨은 그에게 새벽 일찍 기상해서 그날 계획을 체크하고 잠재고객의 리스트를 뽑아서 그들을 고객으로 만들기 위한 방법을 고민하라고 주문했다. 그는 선배 세일즈맨의 조언대로 고객에게 전화를 하거나 직접 만났다. 한편으로 틈틈이 자기 계발 세미나와 최고의 동기부여가의 육성이 담긴 테이프 듣기를 반복했다.

그러자 놀라운 일이 일어났다. 실적이 제로에 가까웠던 실적이 점차 상향 곡선을 그리기 시작한 것이다. 그리고 마침내 6개월 후 그는 회사에서 가장 높은 실적을 올린 세일즈맨이 되었다.

어느 날, 그는 '목표를 막연히 생각하기보다 종이에 적어보면 어떨까?'라는 생각을 하게 된다. 그리고 즉시 종이에다 자신조차 믿을 수 없는 목표를 써내려가기 시작했다. 세일즈를 통해 1000달러를 번다는 것이 목표였다. 30일 후 그의 인생은 백팔십도 달라졌다. 판매 실적을 비약적으로 높인 그는 실력을 인정받아 매달 1000달러의 월급을 받고 판매사원들을 교육하게 된 것이다.

그 후로도 종종 어려움에 처할 때마다 종이에 새로운 목표를 적고 구체적인 실천 방안을 찾곤 했다. 스물세 살에 시작된 종이에 목표 적기는 이후 30년 동안 계속되었다. 누구보다 힘든 인생을 살았던 그에게 성공을 안겨준 것은 확고한 꿈과 노력, 새벽 시간을 활용한 자기 계발이었다.

과거 나는 브라이언 트레이시의 성공 스토리를 통해 많은 용기를 얻었다. 무일푼이었던 그가 해냈다면 나 역시 해낼 수 있다고 믿었다. 그리고 그가 했듯이 나 역시 확고한 꿈을 가졌고 그 꿈을 실현하기 위해 새벽 일찍 일어나 치열하게 살았다. 그렇게 치열하게 살자 믿기 힘든 놀라운 일들이 찾아왔다. 칼럼 기고, 강연요청, TV, 라디오 출연 등의 기회를 누릴 수 있었다.

지금 이 시간에도 많은 이들이 자신이 처한 척박한 현실만 바라보며 좌절하고 절망한다. 하지만 좌절하고 절망한다고 해서 달라지는 건 아무것도 없다. 간절한 꿈을 갖고 더 나은 내일을 만들기 위해 노력할 때 조금씩 인생이 달라지기 시작하는 것이다.

'늦었다고 생각할 때가 가장 빠르다' 라는 말이 있다. 지금 현주소를 깨닫고 더 나은 사람이 되기 위해 노력해야 한다. 내 인생, 지금부터 시작이라고 생각하라. 느슨해진 구두끈을 묶고 인생 2막을 향해 가슴이 터지도록 달려가자.

tip

99%의 평범한 사람들을 1%의 특별한 사람으로 바꿔주는 마법

하나_당장 저녁시간부터 바꿔라

게임처럼 중독성이 강한 여가활동은 멀리하라.

회사 일은 퇴근 시간 전에 마쳐라.

운동은 아침보다 저녁에 하라.

늦어도 저녁 9시까지는 귀가하라.

음악 감상, 독서 등 감성적 활동은 밤 시간을 활용하라.

둘_수면시간을 정하라

인간의 수면은 약 2시간 간격의 사이클을 갖고 있다. 자는 동안 사이클이 몇 차례 반복되기 때문에 수면 시간은 짝수 즉 6시간, 8시간으로 정하는 것이 좋다. 반드시 11시 이전에는 잠들고, 5시 이전에 일어나는 것이 효과적이다.

셋_잠들기부터 시작하라

숙면을 취하기 위한 잠들기 습관을 가지는 것이 좋다. 간단한 스트레칭,

따뜻한 우유나 소량의 술, 책 읽기, 음악 등을 활용해보자.

넷_30분의 변화부터 시작하라

기상 후 시간이 아까워 이것저것 하려고 해선 안 된다. 욕심 내지 말고 먼저 30분 동안 신문이나 책을 읽는 등 간단한 일부터 시작하자. 그러면 부담을 덜 수 있을 뿐 아니라 낮에 졸리는 등의 부작용도 최소화 할 수 있다. 무엇보다 평소보다 시간이 30분 늘어났다는 것에 만족하자.

다섯_아침의 뇌를 자극하라

일어나면 샤워 등으로 몸을 마찰시켜 의식을 깨운다. 양치질을 할 때 오른손잡이의 경우 왼손으로 칫솔을 잡으면 뇌 활동에 도움이 된다. 그리고 '오늘은 어떤 옷을 입을까'와 같은 자신을 꾸미는 일을 상상하자.

여섯_산책을 하라

자율신경의 활동이 활발해지는 새벽 산책은 최적의 건강법이다. 걷기는 평소 부족한 운동을 보충하고 뇌세포를 자극해서 뇌의 활동을 활발하게 만든다. 또한 혈액의 순환을 좋게 하여 뇌에 충분한 산소를 공급하기도 한다. 산책 시간은 30분이 적당하다.

하루를 세 배로 살게 해주는 마법

하나_우선순위를 정해서 업무를 처리하자. 비생산적인 일들을 제거함으로써 귀중한 시간을 절약할 수 있다.

둘_모든 회의에 정확한 의제를 적어놓고 엄수하자. 의제는 가급적이면 세 가지 이내로 줄이는 것이 좋다. 불필요하게 길고 비효율적이며 초점이 없는 회의에서 발생하는 시간의 낭비를 또한 절약할 수 있다.

셋_당신에게 적절하지 않은 요구는 과감하게 거절하자. 무리한 요구를 거절함으로써 정말 중요한 일을 할 수 있는 시간을 벌 수 있다.

넷_일은 그 성격에 따라 '긴급한 일'과 '중요한 일'로 나누자. 이 두 가지를 조합하면 '긴급하면서 중요한 일', '긴급하지만 중요하지 않은 일', '긴급하지 않지만 중요한 일', '긴급하지도 않고 중요하지도 않은 일'로 나눌 수 있다.

'중요한 일'에 초점을 맞추자. 그리하여 중요한 일은 마감일이 다가오기 전에 미리미리 처리해 두는 것이 좋다. 또한 급하지는 않지만 중요한 일에 시간을 투자하자. 예를 들면, 독서, 운동, 가족과 함께 하는 일 등은 급하지는 않지만 중요한 일들이다.

다섯_자신의 에너지가 가장 왕성한 시간이 언제인지 알아두자. 우선순위가 높은 일을 그때 함으로써 보다 높은 효과를 얻을 수 있으며 그만큼 귀중한 시간을 버는 것이다.

여섯_기사, 메모, 책 등을 훑어보면서 무엇을 먼저 읽을 것인지를 결정하자. 당신에게 진정한 가치가 있는 것만을 읽어라. 이렇게 함으로써 당신은 그것을 읽을 때마다 귀중한 시간을 벌 것이다.

일곱_메일을 적절하게 분류하자. 중요한 메일, 별로 중요하지 않은 메일, 빠른 시간 안에 답장을 필요로 하는 메일, 사적인 메일, 공적인 메일 등으로 분류하라. 다시 체크하는 불필요한 시간을 줄일 수 있다.

여덟_자주 리스트를 작성하자. 이는 초점을 맞추거나 여러 가지 과제를 동시에 수행할 할 때 큰 도움이 된다.

아홉_동료나 아랫사람들에게 부탁한 과제들의 우선순위를 정하고 점검하자. 마음을 모으거나 일을 명료하게 할 때 지름길이 발견되는 경우가 종종 있다.

열_방문객들을 사전에 점검하여 꼭 만나야 할 사람들만 만나자. 그저 들른 사람들에게 인사할 때에는 서서 하도록 하라. 그리고 당신이 앉아도 좋다고 판단될 때에만 앉도록 하라.

열하나_출근 시간동안 책을 읽자. 지하철을 이용한다면 자신의 목적에 맞는 책을 읽는 것이 좋다. 만일 이동 수단이 버스라면 책 읽기는 절대 금물이다. 제대로 된 독서를 할 수 없기 때문이다. 그 대신 차분히 아이디어를 정리하는 시간으로 활용하자. 인간은 스쳐 지나가는 풍경을 보며 새로운 아이디어를 떠올린다.

만일 차를 직접 운전한다면 듣는 것을 선택하자. Tape 및 CD를 활용해 부족한 외국어나 성공한 사람의 강연을 듣는다면 자신의 몸값을 높이는데 많은 도움이 된다.

출근 전 2시간

초판 1쇄 발행 2016년 1월 1일
초판 5쇄 발행 2016년 6월 3일

지 은 이 **김태광**
펴 낸 이 **권동희**
펴 낸 곳 **위닝북스**
디 자 인 **윤대한**
마 케 팅 **김보람 이석풍**

출판등록 제312-2012-000040호
주   소 경기도 성남시 분당구 수내동 16-5 오너스타워 407호
전   화 070-4024-7286
이 메 일 winningbooks@naver.com
홈페이지 www.wbooks.co.kr

ⓒ위닝북스(저자와 맺은 특약에 따라 검인을 생략합니다)
ISBN 979-11-85421-60-5 (03190)

이 도서의 국립중앙도서관 출판도서목록(CIP)은 서지정보유통지원시스템
홈페이지(http://seoji.nl.go.kr)와 국가자료공동목록시스템(http://www.nl.go.
kr/kolisnet)에서 이용하실 수 있습니다.(CIP제어번호: CIP2015033909)

위닝북스는 독자 여러분의 책에 관한 아이디어와 원고 투고를 설레는
마음으로 기다리고 있습니다. 책으로 엮기를 원하는 아이디어가 있으신 분은
이메일 winningbooks@naver.com으로 간단한 개요와 취지, 연락처
등을 보내주세요. 망설이지 말고 문을 두드리세요. 꿈이 이루어집니다.

※ 책값은 뒤표지에 있습니다.
※ 잘못 만들어진 책은 구입하신 서점에서 교환해 드립니다.